배경 지식을 알면 공부가 쉬워지는

초등 사회 문해력

배경 지식을 알면 공부가 쉬워지는
초등 사회 문해력

초판 1쇄 발행 2024년 1월 15일

지은이 박하연
그린이 박선하 **감수** 김현경
펴낸이 이지은 **펴낸곳** 팜파스
기획편집 박선희
디자인 조성미
마케팅 김서희, 김민경
인쇄 케이피알커뮤니케이션

출판등록 2002년 12월 30일 제 10-2536호
주소 서울특별시 마포구 어울마당로5길 18 팜파스빌딩 2층
대표전화 02-335-3681 **팩스** 02-335-3743
홈페이지 www.pampasbook.com | blog.naver.com/pampasbook
이메일 pampasbook@naver.com

값 15,000원
ISBN 979-11-7026-623-5 (73700)

ⓒ 2024, 박하연

· 이 책에 소개한 낱말의 뜻풀이는 국립국어원의 표준국어대사전을 참고하였습니다.
· 이 책의 일부 내용을 인용하거나 발췌하려면 반드시 저작권자의 동의를 얻어야 합니다.
· 잘못된 책은 바꿔 드립니다.

배경 지식을 알면 공부가 쉬워지는 초등 사회 문해력

박하연 글 | 박선하 그림
김현경 감수

팜파스

어린이 친구들에게

배경 지식이 왜 중요할까요?

　사회는 우리가 살아가는 세상에 대해 배우는 공부예요. 우리 생활에 대해 배우기 때문에 그야말로 살아 숨 쉬는 공부라고 할 수 있어요. 그런데 학교에서 배우는 사회는 딱딱한 설명만 나와 있고, 어려운 낱말이 수시로 나오는 과목처럼 느껴져요. 이건 모두 사회라는 공부 뒤에 자리한 배경 지식이 충분하지 않아서예요. 배경 지식이란 글을 잘 이해하기 위해 필요한 지식을 말해요. 배경 지식을 얼마나 아는지에 따라 어떤 내용인지 이해하는 것이 달라요. 같은 글이어도 훨씬 생생해지고, 무척 흥미진진해지지요. 배경 지식을 충분히 알면 사회 공부는 세상 속 흥미진진한 모습과 궁금했던 부분을 구석구석 알게 되는 가장 재미있는 공부로 돌변한답니다.

　이 책은 여러분에게 우리 사회에 대한 이야기를 들려주며 배경 지식을 쌓을 수 있도록 도와주어요. 이를 통해 사회 공부를 더욱 쉽고 재미있게 하도록 이끌어 주지요. 먼저, 배경 지식을 쌓을 수 있는 재미있는 글을 읽어 보세요. 글은 2쪽 분량으로 되어 있어 여러분이 글을 읽는 호흡을 늘려 주면서, 동시에 마치 옛날이야기처럼 쉽고 편하게 사회 공부에 필요한 배경 지식을 전해

줄 거랍니다.

  지구에서 난생 처음 사회 공부를 시작한 외계인 두두와 민재의 좌충우돌 학습툰은 여러분의 사회 공부에 유쾌한 길동무가 되어 줄 거예요. 글에 등장한 어려운 낱말 뜻을 읽어 보고, 겉만 읽는 가짜 읽기가 아닌 내용을 읽는 진짜 읽기를 위한 문제풀이를 해 보아요. 그런 다음 문장력을 키워 주는 한 줄 글쓰기로 문해력을 쌓아요. 이 같은 과정으로 배경 지식을 탄탄하게 다져 놓는다면, 이제부터 사회는 여러분이 가장 자신 있어 하고 기다려지는 공부가 될 거랍니다. 여러분은 혼자가 아니에요. 외계 친구 두두랑 민재와 함께 사회 문해력을 쌓는 여행을 떠나 보아요.

박하연

차례

어린이 친구들에게   배경 지식이 왜 중요할까요? • 4

 1장   **사회는 무엇일까요?**

사회 배경 지식을 쌓는 이야기 01   사회는 어떻게 만들어졌을까요? • 20
사회 배경 지식을 쌓는 이야기 02   우리는 다양한 사회에 속해 있습니다 • 25
사회 배경 지식을 쌓는 이야기 03   전통 사회에서 가장 기본이 되는 사회는 마을입니다 • 30
사회 배경 지식을 쌓는 이야기 04   자연환경은 우리가 사는 모습을 결정지어요 • 35
사회 배경 지식을 쌓는 이야기 05   도시는 어떻게 만들어졌을까요? • 40

 2장   **농촌, 어촌, 산지촌, 우리나라의 자연에 맞게 마을을 이루어요**

사회 배경 지식을 쌓는 이야기 06   우리나라의 산지촌, 어촌, 농촌은 어디에 있을까요? • 48
사회 배경 지식을 쌓는 이야기 07   들로 간 사람들은 어떻게 살았을까요? • 53
사회 배경 지식을 쌓는 이야기 08   농촌의 일 년은 어떻게 흘러갈까요? • 58
사회 배경 지식을 쌓는 이야기 09   바다로 간 사람들은 어떻게 살았을까요? • 63
사회 배경 지식을 쌓는 이야기 10   어촌에만 볼 수 있는 것은 무엇이 있을까요? • 68
사회 배경 지식을 쌓는 이야기 11   산으로 간 사람들은 어떻게 살았을까요? • 73

3장 전통 사회는 어떻게 발달해 왔을까요?

사회 배경 지식을 쌓는 이야기 12	사람들의 손으로 만든 환경들이 생겨났어요 • 80	
사회 배경 지식을 쌓는 이야기 13	잉여 식량이 생겨나면서 장인, 지배 계급이 나타났습니다 • 85	
사회 배경 지식을 쌓는 이야기 14	화폐가 필요해졌어요 • 90	
사회 배경 지식을 쌓는 이야기 15	시장이 번성하고 상인들이 늘어났습니다 • 95	
사회 배경 지식을 쌓는 이야기 16	교통과 통신 수단이 발달하며 더 넓은 세계로 나아갑니다 • 100	
사회 배경 지식을 쌓는 이야기 17	지도를 보며 세상을 헤아립니다 • 105	

4장 옛날 사람들의 생활 모습을 살펴보아요

사회 배경 지식을 쌓는 이야기 18	옛날 사람들은 무엇을 입고 살았을까요? • 112
사회 배경 지식을 쌓는 이야기 19	옛날 사람들은 어떤 집에서 살았을까요? • 117
사회 배경 지식을 쌓는 이야기 20	우리나라의 전통 음식은 무엇이 있을까요? • 122
사회 배경 지식을 쌓는 이야기 21	우리나라의 세시 풍속은 어떤 것이 있을까요? • 127
사회 배경 지식을 쌓는 이야기 22	24절기는 무엇인가요? • 132
사회 배경 지식을 쌓는 이야기 23	옛날 사람들은 사계절을 어떻게 보냈을까요? • 137
사회 배경 지식을 쌓는 이야기 24	놀이는 사회의 중요한 요소입니다 • 142
사회 배경 지식을 쌓는 이야기 25	옛날에는 어떤 기념일이 있었을까요? • 147

등장인물

#^&8$별에서 온 외계인.
먹을 것을 아주 좋아한다. 토끼처럼 두 귀가 길어 보이지만 실은 귀가 아니라 마음의 소리를 보내는 안테나다. 두두네 별에서는 말하지 않아도 이 안테나로 하고 싶은 말을 전할 수 있다. 하지만 안테나가 없는 지구인과는? 손을 잡아야 마음의 소리가 전달된다.
입이 없고 배 주머니가 있어 음식을 먹을 때 배가 꿀럭꿀럭 움직인다.

김민재

햇살 초등학교 3학년.
추석날 송편을 두둑이 먹고 달구경을 나왔다가 불시착한 두두를 발견했다. 학교에서 사회 시간만 되면 졸음이 마구 몰려오고 사회란 글자만 봐도 흥미가 뚝 떨어진다. 그런데 어쩌다 보니 되게 인 두두와 사회에 대해 알아보게 되는데…

민재 아빠

마찬가지로, 어쩌다 보니 두두와 민재에게 사회 공부를 알려 주게 되는데…

우리는 사회라는 말을 자주 해요. 학교에서 사회 과목을 배우기도 하고요. 그런데 사회에 대해서 이야기해 보려고 하면 어떤 것부터 말해야 할지 망설여져요. 사회가 뭔지 사실 잘 알지 못하거든요. 대체 사회란 무엇일까요?

1장

사회는 무엇일까요?

사회 배경 지식을 쌓는 이야기 01

사회는 어떻게 만들어졌을까요?

우리는 '사회'라는 말을 많이 씁니다. 뉴스를 보면 "우리 사회가 함께 노력해야 합니다." "다 같이 따뜻한 사회를 만듭시다."와 같은 말이 자주 나옵니다. 그렇다면 사회는 무슨 뜻일까요?

사전을 찾아보면, 사회는 '인간이 모여서 공동생활을 하는 모든 집단'을 뜻합니다. '모든 집단'이라는 말에서 알 수 있듯이 사회의 단위는 아주 다양하답니다. 작게는 가족에서 크게는 나라까지 하나의 사회라고 볼 수 있습니다. 우리가 학교에서 배우는 '사회'는 이렇게 다양한 인간 집단의 생활, 규칙, 문화를 배우는 과목입니다.

맨 처음 인간은 어떻게 무리를 이루고 집단생활을 하게 되었을까요? 육지 동물인 인간은 아주 오래전부터 다른 동물들처럼 동물을 사냥하고, 나무에 열린 열매를 따서 먹으며 살았습니다. 인간들은 그렇게 생활하면서 혼자서 살기보다는 여럿이 무리 지어 사는 것이 더 살아남기에 좋다는 것을 알게 되었습니다. 혼자 있을 때 다른 동물이 습격하면 쉽게 다치고 죽을 수도 있었는데, 여럿이 있으면 함께 힘을 모아 다른 동물을 내쫓거나 사냥에 성공할 수 있었기 때문입니다.

사람들은 점점 생존하기 위해 모여 살기 시작했습니다. 어떤 무리들은 강가나 바닷가에 모여 물고기를 잡아먹으며 살았습니다. 또 다른 무리들은 산에서 지내며 산짐승을 사냥해 잡아먹고 살았습니다. 또 어떤 무리들은 너른 들에 자리를 잡아 작물과 가축을 키웠습니다. 사람들은 자신이 정착한 곳의 자연 환경에 적응해서 살았습니다. 그렇게 인간은 동물과 다름없이 살던 상태에서 벗어나 사회라는 공동체를 이루며 살게 된 것입니다.

이렇게 한 지역에 모여 사는 사람들은 점점 늘어났습니다. 이들은 서로 자손을 낳아 키우고, 먹을 것을 마련하고, 힘을 모아 집을 지었어요. 학교나 시장 같이 공동의 목표를 가지고 협력하는 집단들도 생겨났습니다. 작은 집단들이 모여 마을을 만들었습니다. 마을이 점점 커지면서 이웃 마을과 교류하기 시작했습니다. 가까운 거리에 있는 몇몇 마을은 함께 생활하게 되었습니다.

또한 기술이 발달하면서 다양한 기술이 만들어지자, 농사를 짓지 않고 기술만 써서 먹고사는 사람들이 생겨났습니다. 많은 사람들이 서로 교류하는 일이 잦아지던서 마을은 더욱 커져서 도시가 되었습니다.

이 도시들이 점점 커지자 아주 큰 도시, 즉 대도시가 됩니다. 이런 대도시와 지방들이 점점 늘어나면서 공통된 특징을 가진 나라가 됩니다. 우리는 이렇게 가족에서 마을, 지역, 나라까지 그 크기가 다양하고, 공통의 생활과 특징을 가진 사회에서 살아가고 있습니다.

 두두야. 잘 봐,
이 낱말들을 알면 더 쉽게 이해돼!

낱말 찾기

- ★ **공동생활** : 일정한 시간 동안 한 공간에서 여럿이 서로를 도우며 살아가는 생활.
- ★ **무리** : 사람이나 짐승, 물건 등 여러 개가 모여 하나의 집단(뭉치)을 이룬 것.
- ★ **생존하다** : 살아 있다. 살아남았다.
  - 예 "생존한 사람은 모두 몇 명입니까?"
- ★ **너르다** : 공간이 두루 넓다.
- ★ **작물** : 논이나 밭에서 키우는 채소와 곡물.
- ★ **정착** : 한 장소에 자리를 잡고 머무름. 한 곳에 자리를 잡아 살아가는 삶.
- ★ **공동체** : 생활을 같이 하거나 목적이 같은 집단.
- ★ **자손** : 자식과 손자를 함께 부르는 말. 자신의 세대에 이어 낳은 자녀들을 통틀어 부르는 말.
- ★ **단위** : 하나의 조직을 구성하는 데 기본이 되는 한 덩어리.
- ★ **목표** : 어떤 목적을 이루고자 나아가는 대상.
- ★ **교류** : 서로 다른 문화나 생각 등이 섞이고 통하는 것.
- ★ **업** : 業(업 업), 먹고살기 위해 적성과 능력에 따라 일정 기간 동안 일하는 것.
- ★ **대도시** : 지역이 넓고 인구가 많은 큰 도시.

 두두에게 이 낱말을 설명해 주세요.

두두야, **'공동체'** 라는 말은

오, 근데 잠깐만!
인간, '공동체'라는 말은 무슨 뜻이라고 했지?

 글을 잘 읽고 이해했는지 확인해 봅시다!
문제를 풀며 글을 한 번 더 찬찬히 읽어 보세요!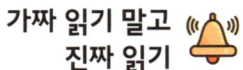

1. 이 글을 쓴 목적은 무엇일까요?
   ① 사람들이 모여 살아야 한다는 걸 알리기 위해
   ② 사람들이 어떻게 사회를 만들었는지 알아보기 위해
   ③ 동물과 인간의 차이를 구분하기 위해
   ④ 산이나 바다에 가서 정착하는 모습을 알아보기 위해

2. 이 글에서 알 수 있는 내용 중 알맞지 않은 부분은 무엇일까요?
   ① 가족은 사회의 한 단위이다.
   ② 사람들은 무리 지어 강가, 산간, 평야에 정착했다.
   ③ 인간은 계속해서 자연 상태에 머물며 살았다.
   ④ 작은 집단들이 모여 마을이 되었다.

3. 사람들이 모여 살게 된 이유에 대해 다음 빈칸을 채워 넣으세요.
   사람들은 먹을 것을 구하고 생존해 나가면서 혼자서 살기보다는 여럿이 _____ 를 이루어 사는 것이 더 _____ 에 좋다는 것을 알게 되었기 때문입니다.

4. 이 글에서 사회는 무엇인지 설명하는 말을 찾아서 밑줄을 치세요.

 한줄 글쓰기!
여러분은 '사회' 과목을 떠올릴 때 어떤 생각이 드나요?

우리는 다양한 사회에 속해 있습니다

사회는 여러 사람들이 모여 집단을 이루고 함께 생활하는 것을 말합니다. 우리가 속한 사회에는 무엇이 있을까요? 먼저 여러분은 가족의 일원 즉, 한 명의 가족으로 살아가고 있습니다. 가족은 혈연으로 맺어진 가장 작은 단위의 사회입니다. 여러분은 나 자신이기도 하지만 부모님의 딸, 아들, 친척들의 사촌, 조부모님의 손자이기도 합니다. 이렇게 다양한 역할을 맡아 가족들과 관계를 맺고 있습니다.

또한 여러분은 학교라는 사회에도 속해 있습니다. 학교에서 학생으로 생활하고 있지요. 여러분의 학급 역시 학교보다는 작은 규모의 사회입니다. 같은 반 친구들은 여러분과 '반'이라는 작은 사회를 만들어 가는 일원입니다. 여러분과는 친구 관계를 맺고 있습니다.

만일 여러분이 동호회 활동을 하고 있다면 그 모임 역시 여러분이 속한 작은 사회입니다. 여러분이 커서 다닐 직장이나 일 역시 하나의 사회가 됩니다.

마을 역시 여러분이 속한 사회입니다. 마을이 도시에 있는지, 시골에 있는지, 섬에 있는지에 따라 여러분의 마을 모습도 다를 것입니다. 여러분이 사는 지역에 따라 사회를 구분하기도 합니다. 만일 여러분이 우리나라의 수도 서울에 살고 있다면 서울이라는 지역 사회에서 생활하고 있는 것입니다.

나라 역시 하나의 거대한 사회입니다. 여러분은 대한민국이라는 나라에 속해 살아가고 있습니다. '한민족'이라는 정체성을 가지고 우리나라만의 특징과 문화를 간

직한 사회에서 살아가고 있지요. 여러분은 대한민국의 국민으로 다양한 권리를 가지고 있습니다. 만일 여러분이 해외에 나간다면 대한민국의 국민으로 보호를 받을 수 있습니다. 또 대한민국의 국민으로서 해야 하는 의무들이 있습니다. 다른 나라 역시 마찬가지입니다. 예를 들어, 미국은 미국만의 문화와 특징을 가진 사회를 이루고 있습니다. 중국은 중국만의 문화, 경제, 특징을 가진 사회를 이루고 있습니다.

우리는 또한 아시아라는 거대한 대륙에 속해 있습니다. 아시아에 자리한 나라끼리 공유하는 정서와 문화가 있습니다. 아시아 국가들이 공동체를 이루고 있고, 대한민국의 국민인 우리 역시 아시아인이라는 정체성을 가지고 살아갑니다.

더 나아가 볼까요? 우리는 지구라는 행성에 사는 사람들입니다. 지구 역시 사회가 될 수 있습니다. 그래서 지구를 마치 마을 같은 사회의 단위로 여겨 '지구촌'이라는 말을 씁니다. 우리는 함께 지구에 살아가는 사람들과 서로 영향을 주고받으며 살고 있지요. 지구에 사는 우리는 지구인으로서 지구를 위한 일과 활동을 해야 합니다.

이렇게 우리는 다양한 사회에 속해 있습니다. 여러분이 어떤 사회에 속해 있는지는 여러분의 생각과 행동에 큰 영향을 줍니다. 여러분은 사회에 속한 개인으로서 사회에 영향을 끼칩니다. 이렇게 개인과 사회는 서로 긴밀한 관계를 맺으며 다양한 방식으로 영향력을 주고받습니다.

 두두야. 잘 봐,
이 낱말들을 알면 더 쉽게 이해돼!

낱말 찾기

- ★ **일원** : 단체에 들어 있는 한 명. 구성원.
- ★ **혈연** : 같은 핏줄로 연결되어 있는 인연. 같은 핏줄로 연결된 사람.
- ★ **역할** : 자기가 맡은 책임이나 임무.
- ★ **속하다** : 그 안에 들어가 있다. 어떤 영역과 관련되어 있다.
- ★ **간직하다** : 물건 등을 어떤 장소에 잘 보호하여 두다.
- ★ **정체성** : 변하지 않는 존재의 본질을 깨닫게 하는 성질. 예 나의 정체성에 대해 고민하다.
- ★ **권리** : 어떤 일을 하거나 다른 사람에게 요구할 수 있는 힘이나 자격.
- ★ **의무** : 규범에 따라 해야 하는 일.
- ★ **공유하다** : 두 사람 이상이 하나의 물건을 공동으로 가지고 있다.
- ★ **정서** : 사람의 마음에서 일어나는 여러 가지 감정.
- ★ **영향** : 어떤 일이나 물건이 가진 효과나 작용이 다른 것에 가해지는 일.
  예 긍정적인 영향을 미치다.
- ★ **주고받다** : 서로 주기도 하고 받기도 한다.
- ★ **활동** : 몸을 움직여 행동함. 어떤 성과를 거두기 위해 힘씀.
- ★ **방식** : 일정한 방법과 형식.
- ★ **긴밀하다** : 서로 관계가 아주 가까워서 빈틈이 없다.

 두두에게 이 낱말을 설명해 주세요.

두두야, **정체성**이라는 말은

오, 근데 잠깐만!
인간, '정체성'이라는 말은
무슨 뜻이라고 했지?

 글을 잘 읽고 이해했는지 확인해 봅시다!
문제를 풀며 글을 한 번 더 찬찬히 읽어 보세요!

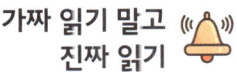 가짜 읽기 말고 진짜 읽기

1. 이 글의 주제는 무엇일까요?
   ① 마을보다 더 큰 사회들
   ② 내가 속한 여러 사회들
   ③ 가장 작은 사회 단위와 가장 큰 사회 단위
   ④ 대한민국 사회의 의무와 권리

2. 이 글에서 이야기한 인간 사회의 예가 아닌 것은 무엇일까요?
   ① 개인   ② 마을
   ③ 학급   ④ 지구

3. 개인과 사회의 관계에 대해 설명하기 위해 다음 빈칸을 채워 넣으세요.

   우리가 어떤 사회에 속해 있는지가 우리의 _____ 과 _____ 에 큰 영향을 주고, 우리도 우리가 속한 _____ 를 만드는 데 영향을 줍니다.

 한줄 글쓰기!

내가 가장 관심을 가지고 있거나, 많이 활동하는 집단이나 사회는 무엇인가요?

전통 사회에서 가장 기본이 되는 사회는 마을입니다

마을은 사람들이 많이 모여 사는 곳을 말합니다. 다른 말로 '고장', 혹은 '촌(村)'이라고도 합니다. 예전부터 사람이 살기에 좋은 곳은 대체로 먹을 것과 물을 구하기 쉽고, 집을 짓기에 적합한 환경이었습니다. 이런 곳이 있다면 사람들이 점점 모여들어 터를 잡고 살았습니다. 이렇게 사람이 많이 모여 살게 되자 마을이 자연스럽게 만들어졌습니다.

만일 지금 여러분이 옆 동네에 사는 친구를 만나고 싶다면, 친구를 찾아가면 됩니다. 우리 동네에서 옆 동네를 가고 그 옆옆 동네에 가는 것이 어렵지 않습니다. 혹은 친구가 좀 멀리 떨어져 산다고 해도 버스나 지하철이라는 교통수단이 있기 때문에 쉽게 만날 수 있습니다.

하지만 옛날 사람들은 그렇게 쉽게 만날 수 없었습니다. 지금처럼 편리한 이동 수단은 당연히 없었고, 전기와 기계도 없는 시대였기 때문입니다. 게다가 지금처럼 길도 잘 만들어져 있지 않았지요.

만일 옛날 사람들이 옆 동네에라도 찾아가려면 험한 산길을 쉴 새 없이 오랜 시간 걸어가야 했습니다. 그래서 옛날 사람들은 대체로 다른 곳으로 이동하지 않고 자신이 태어난 마을에서 평생을 보냈습니다. 자신이 태어난 마을에서 혼인을 해서 가정을 이루고 살다 죽는 것은 전통 사회에서 일반적인 일이었지요.

그래서 마을은 전통 사회에서 가장 기본이 되는 사회였습니다. 사람들은 평생

동안 마을에서 살며 마을의 문화와 경제를 발전시켜 나갔습니다. 그렇다 보니 마을 사람들끼리 끈끈한 정도 많았고 이웃의 일을 내 집의 일처럼 여기며 서로 돕고 살았습니다. 산이든, 평지든, 바닷가든 마을이 있는 자연환경에 맞게 삶의 양식도 맞추어 나갔습니다. 친인척들도 한 마을에 살거나 가까운 마을에 살게 되었습니다. 이렇게 같은 성씨가 모여 마을을 이룬 경우를 '집성촌'이라고 합니다.

옛날 사람들은 필요한 것이 있으면 직접 만들어 썼습니다. 마을 사람들은 힘을 모아서 농사를 짓거나 물고기를 잡았습니다. 이렇게 사람들이 먹고 사는 경제 활동까지도 마을의 공동체 안에서 전부 해결했습니다. 마을은 한 사람이 살아가는 평생의 무대가 된 것입니다.

이렇게 사람들이 내내 한 마을에 사는 경우가 많다 보니 마을에는 그곳에 사는 사람들만의 독창적인 생활 양식과 문화, 특징이 담기게 되었습니다. 마을마다 자연환경도 달라서 마을에서 유명한 물건, 즉 특산품이나 향토 음식도 다릅니다.

그러다 여러 마을을 관리하는 '고을'이 생겨나 마을끼리도 교류가 잦아지기 시작했습니다. 고을은 오늘날로 보면 '읍'이며, 여러 마을을 하나의 공동체로 묶어 놓은 중요한 지점을 말합니다. 시간이 흘러 정기적으로 열리는 시장이 생겨나며 사람들이 시장을 드나들기 시작했습니다. 그러면서 점점 마을을 벗어나는 삶을 살게 되었지요.

 두두야. 잘 봐,
이 낱말들을 알면 더 쉽게 이해돼! 낱말 찾기

★ **적합하다** : 일이나 조건이 딱 알맞다.
★ **자연스럽게** : 애써 힘들이지 않고 저절로 되는 것.
★ **수단** : 어떤 목적을 이루기 위해 쓰는 방법이나 도구.
★ **대체로** : 전체적으로 보아서. 일반적으로.
★ **이동하다** : 움직여서 옮기다.
★ **혼인** : 남자와 여자가 부부가 되는 일.
★ **전통** : 이전 시대에서 이미 만들어져서 전해 내려오는 생각, 관습, 행동 같은 양식.

★ **양식** : 오랜 시간이 지나 자연스럽게 정해진 방식.
★ **경제** : 인간이 생활하는 데 쓰는 돈, 물건이나 일을 생산하고 분배하고 소비하는 활동.
★ **발전하다** : 더 좋은 상태로 나아가다.
★ **해결하다** : 문제를 잘 정리해 마무리 짓다.
★ **친인척** : 친척과 혼인으로 맺어진 인척을 통틀어 부르는 말.
★ **내내** : 처음부터 끝까지 계속해서.
★ **정기적으로** : 기간이 일정하게 정해진 것으로.

 두두에게 이 낱말을 설명해 주세요.

두두야, **전통**이라는 말은

오, 근데 잠깐만!
인간, '전통'이라는 말은 무슨 뜻이라고 했지?

 글을 잘 읽고 이해했는지 확인해 봅시다!
문제를 풀며 글을 한 번 더 찬찬히 읽어 보세요!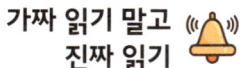

1. 이 글을 읽고 옛날 사람들이 마을에서 벗어나지 않은 이유를 고르세요.
   ① 살고 있는 마을이 좋아서
   ② 마을 사람들과 정이 많이 들어서
   ③ 마을에 모든 것이 갖추어져 있어서
   ④ 다른 곳으로 갈 편리한 이동 수단이 없어서

2. 다음은 무엇을 소개하는 말일까요? 다음 글을 읽고 본문에서 해당하는 낱말을 찾아 쓰세요.

   > 옛날에는 주로 한 마을에서 평생을 살다 보니 혈연 관계를 맺고, 친인척들이 근처에 모여 살기도 했습니다. 이렇게 같은 성씨가 모여 이루는 마을을 뜻하는 말입니다.

   ① 고을   ② 공동체
   ③ 집성촌   ④ 고장

3. 전통 사회를 소개하는 말로 다음 빈칸을 채워 넣으세요.

   전통 사회의 가장 기본이 되는 사회 단위는 _____ 입니다. 마을에는 그곳에 사는 사람들만의 _____ , _____ 등이 담겨 있습니다.

한줄 글쓰기!

우리 마을에 대해 소개하고 싶은 것이 있다면 무엇이 있나요? 그 이유도 소개해 주세요.

사회 배경 지식을 쌓는 이야기 04

자연환경은
우리가 사는 모습을 결정지어요

인간들은 오래전부터 무리를 이루어 한 지역에 정착해 작은 사회를 이루었습니다. 왜 한 지역에 정착해야만 했을까요? 어딘가를 떠돌며 계속 이동하며 사는 것은 인간이 다른 동물들과 경쟁해서 살아남는 데 유리하지 않았기 때문이에요. 계속 옮겨 다니며 먹을 것을 구하거나 지낼 곳을 찾는 것은 무척 힘든 일이었거든요.

그래서 인간은 살기에 적당한 지역에 머물러 집을 짓고, 가족을 이루고 살았습니다. 생산 활동을 해서 먹을 것과 입을 것을 만들어 사용했습니다. 점점 무리가 늘어나자 마을도 커져 갔습니다. 이런 인간 생활의 모습은 정착한 지역의 자연환경에 따라 각기 다르게 나타났습니다.

사람들은 산이 아주 많은 지역에 정착하기도 하고, 들이 많은 지역에 자리를 잡기도 했습니다. 하천이나 바닷가 근처의 지역에 집을 짓기도 했어요. 한 지역에 정착한 사람들은 집을 지을 때 주로 그 지역에서 나는 재료들을 이용했습니다. 지금처럼 이동할 수단이 발달하지 않아서 멀리서부터 재료를 구해 올 수 없었기 때문입니다.

산지에 정착한 사람들은 산에서 나는 재료로 집을 지었고, 먹을 것을 구했습니다. 작물을 키우려면 너른 땅이 필요한데, 산간 지역은 경사지고 숲이 많아 이런 땅이 별로 없습니다. 그래서 산간 지역에 사는 사람들은 숲을 태워 좁은 땅을 마련해 밭농사를 짓는 화전 농업을 펼쳤어요. 산나물을 캐고, 산짐승을 잡아 먹을 것을 얻었습니다. 나무와 흙으로 집을 지었고, 모여 살 만한 너른 땅이 없어 띄엄띄엄 가옥을 짓고 살았습니다. 이렇게 산간 지역에 집을 짓고 사는 마을을 산지촌(山地村)이라고 합니다.

한편 강가나 해안가 지역에 자리를 잡은 사람들은 바다에서 나는 것들을 먹었습니다. 물고기와 해조류를 먹으며 바람이 강한 해안가의 특성을 고려해 바닷바람에 집이 날아가지 않도록 고정시키는 기술을 만들어 냈지요. 또 물고기를 잘 잡기 위한 도구와 배를 만드는 기술이 발달하였습니다. 이렇게 해안가 지역에 자리 잡은 마을을 어촌(漁村)이라고 합니다.

또 들이 많은 지역은 땅이 평평해 곡식과 과실을 심고 키우기에 적합한 환경입니다. 이곳에 사는 사람들은 논과 밭을 만들어 많은 작물을 키워 먹을 것을 얻었습니다. 농사짓는 기술이 좋아지면서 농기구도 발달하고 수로를 만드는 관개 기술도 좋아졌습니다. 또 볏짚을 묶어 초가지붕을 만들어 집을 짓고, 신발을 지어 신기도 했습니다. 봄에는 씨앗을 뿌리고, 여름에는 물을 대며, 가을에 추수하고, 겨울에는 저장된 곡물을 먹으며 살았습니다. 일손이 많이 필요한 모내기와 추수철에는 다 함께 협력해서 일하는 풍습도 생겨났습니다. 이처럼 평야 지역에서 농사를 하며 사는 마을을 농촌(農村)이라고 합니다.

이처럼 자연환경은 마을에 사는 사람들의 생활에 막대한 영향을 끼칩니다. 어떤 자연환경인지에 따라 마을의 모습과 문화, 사람들의 먹을거리, 입을 거리가 달라집니다.

두두야. 잘 봐,
이 낱말들을 알면 더 쉽게 이해돼!

낱말 찾기

- ★ **경쟁하다** : 같은 목적을 두고 서로 이기려고 다투다.
- ★ **유리하다** : 有利(있을 유, 이로울 리), 이익이 있다.
- ★ **생산** : 인간이 생활하는 데 필요한 물건(대상)들을 만들어 냄.
- ★ **모습** : 겉으로 나타난 모양.
- ★ **산지** : 들이 적고 산이 많은 지대.
- ★ **산간** : 산과 산 사이에 있는 곳.
- ★ **경사지다** : 땅이나 바닥이 한쪽으로 기울어지다.
- ★ **화전농업** : 火田農業(불 화, 밭 전, 농사 농, 업 업), 나무나 식물을 태워 버리고 그 자리를 일구어 농사를 짓는 방법.
- ★ **고려하다** : 생각하고 헤아리다.
- ★ **고정시키다** : 한곳에 꼭 붙어 있게 하다.
- ★ **관개** : 농사를 지을 때 필요한 물을 논이나 밭에 댐.
- ★ **일손** : 일을 하는 사람. 일하는 솜씨.
- ★ **평야** : 지표면이 평평하고 너른 들.
- ★ **막대하다** : 더 클 수 없을 만큼 크다.
- ★ **문화** : 사회에서 익히고 전달되는 행동 양식이나 물질, 정신을 통틀어 이르는 말.

오, 근데 잠깐만!
인간, '고려하다'라는 말은
무슨 뜻이라고 했지?

 두두에게 이 낱말을 설명해 주세요.

두두야, **고려하다**라는 말은

 글을 잘 읽고 이해했는지 확인해 봅시다!
문제를 풀며 글을 한 번 더 찬찬히 읽어 보세요!

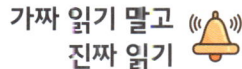

1. 이 글의 내용을 잘 이해한 사람을 찾아봅시다
   ① 주영 "들이 많은 지역은 땅이 너르고 평평하니까 농사도 짓고, 정착하기 좋았을 것 같아."
   ② 명찬 "아무리 환경이 중요해도 사람들은 자기 방식대로 살아."
   ③ 도영 "바닷가보다는 산간이 살기 더 좋은 것 같아. 바다는 바람이 너무 세잖아."
   ④ 영미 "바닷가에 살다가 지겨우면 산이나 평야로 가면 되겠다."

2. 자연환경에 갖춰 사는 사람들의 모습에 대해 다음 빈칸을 채워 넣으세요.
   　　　에 사는 사람들은 산나물을 캐거나 화전 농업을 하고, 　　　에 사는 사람들은 논과 밭을 만들어 작물을 키웁니다. 강가나 해안가에 사는 사람들은 주로 　　　를 먹습니다.

3. 이 글에서 중심 문장이 무엇인지 밑줄을 치세요.

 한줄 글쓰기!

내가 옛날 사람이라면 산간 지역, 바닷가 지역, 평야 지역 중 어디에서 살고 싶나요? 그 이유도 적어 주세요.

사회 배경 지식을 쌓는 이야기 05

도시는 어떻게 만들어졌을까요?

마을에 사람들이 모여들자 사람들은 먹을 것을 더 많이 구해야 했습니다. 사람들은 농경지에서 더 많은 작물을 키우기 위해 여러 도구를 만들어 냈고, 야생 동물들을 길들여 집에서 직접 기르기 시작했어요.

가축을 키우고 여러 농기구를 사용해 농사를 지으면서 사람들은 식량을 더욱 잘 생산하게 되었습니다. 먹을 것이 많아지자 예전에는 먹을 것이 없어서 쉽게 병들어 죽었던 사람들도 더 많이 살아남을 수 있었습니다. 그러자 사람들은 점점 많아지고 자연스럽게 공동체의 규모도 더욱 커졌습니다.

여러 사람들이 함께 살기 위해서는 훨씬 더 다양한 일들을 해야 했습니다. 재료를 잘 가공해서 다른 물건으로 만드는 일, 농기구를 만드는 일, 의복을 만드는 일, 일손을 관리하는 일, 한 해 농사를 잘 짓도록 하늘에 기원하는 일 등 다양한 영역의 일들을 해냈습니다. 이를 위해 필요한 도구와 장소를 만들기도 했습니다.

마을 공동체는 더 커져서 함께 사는 사람들이 서로 잘 어울릴 수 있도록 규칙과 질서를 만들기 시작했습니다. 사람들은 공동체의 규칙에 따라 생활했습니다. 공동체의 규칙과 질서를 따르지 않는 사람들은 함께 생활할 수 없었습니다.

사람들이 늘어날수록 사람들의 생활 양식은 더욱 다양해졌습니다. 사람들은 함께 살기 위해 더욱 많은 영역에서 규칙과 질서를 만들고 정교하게 다듬어 갔습니다. 이런 활동을 하면서 사람들은 '나는 이 사람들과 함께하고 있다'는 생각이 더욱 강해졌습니다. 이것을 '공동체 의식'이라고 합니다. 이러한 생각을 바탕으로 공동체가 함께 살아가기 위한 시설들도 많이 만들었습니다.

　공동체에 속하지 않은 사람들까지 살아남기 위해 공동체에 찾아오게 되었습니다. 아주 많은 사람들이 모여 살며, 다양한 일을 하게 되고, 외부 사람들도 찾아오는 거점이 된 것입니다. 이렇게 해서 도시가 만들어지게 되었습니다. 우리나라는 물론이고 세계 여러 나라들은 대부분 농경을 바탕으로 한 공동체에서 도시가 탄생합니다.

 **두두야. 잘 봐,
이 낱말들을 알면 더 쉽게 이해돼!**

낱말 찾기

- ★ **농경지** : 농사를 짓는 데 쓰는 땅.
- ★ **도구** : 일을 할 때 쓰는 연장.
- ★ **농기구** : 농사 짓는 데 쓰는 기구.
- ★ **생산** : 인간이 생활에 필요한 모든 것을 만들어 냄.
- ★ **의복** : 몸을 가리거나 보호하기 위해서 천으로 만든 입는 물건.
- ★ **일손** : 일을 하는 사람.
- ★ **공동체** : 같이 생활하거나 목표나 목적이 같은 집단.
- ★ **영역** : 활동이나 기능, 효과가 미치는 범위.
- ★ **장소** : 어떤 일이 이루어지는 곳.
- ★ **따르다** : 명령이나 규츠 따위를 그대로 실행하다.
- ★ **바탕으로 하다** : 기초로 삼다.
- ★ **거점** : 어떤 활동을 하기에 중요한 지점.
- ★ **도시** : 사람이 많이 살고 정치, 문화, 경제의 중심이 되는 지역.
- ★ **탄생하다** : 생기다. (사람이) 태어나다.

> 오, 근데 잠깐만!
> 인간, '도시'라는 말은
> 무슨 뜻이라고 했지?

 두두에게 이 낱말을 설명해 주세요.

두두야, **도시**라는 말은

글을 잘 읽고 이해했는지 확인해 봅시다!
문제를 풀며 글을 한 번 더 찬찬히 읽어 보세요!

가짜 읽기 말고
진짜 읽기

1. 이 글에서 알 수 있는 내용 중 알맞지 않은 부분은 무엇일까요?

   ① 사람들이 많아지면서 일의 종류도 많아졌다.
   ② 공동체의 규모가 커지면서 규칙과 질서가 생겨났다.
   ③ 사람들이 늘어나자 식량은 점점 줄어들었다.
   ④ 마을이 점점 커지면서 도시가 만들어졌다.

2. 다음은 무엇을 소개하는 말일까요? 다음 글을 읽고 본문에서 해당하는 낱말을 찾아 쓰세요.

   > 사람들은 어려운 일도 함께 돕고, 같이 사는 데 필요한 규칙도 만들며 살아갔습니다. 그러면서 '나는 이 사람들과 함께하고 있다'는 생각을 하게 되었습니다. 이러한 생각은 사람들이 더 잘 협력하고 큰 집단으로 나아가는 데 도움이 되었습니다.

   ① 생활양식   ② 공동체   ③ 도시   ④ 공동체 의식

3. 도시가 탄생하게 된 이유에 대해 다음 빈칸을 채워 넣으세요.

   공동체가 커질수록 많은 사람들이 함께 살아가기 위해 _____ 와 _____, _____ 을 많이 만들었습니다. 공동체가 거대해지면서 아주 많은 사람들이 모여 살며 다양한 일을 하고 외부 사람들도 찾아오는 _____ 이 되었습니다.

 한줄 글쓰기!

내가 속한 공동체에는 어떤 질서나 규칙이 있나요? 공동체와 질서를 소개해 주세요.

지금까지 글을 읽어 보며 사회가 무엇인지 잘 알게 되었나요?
자, 그럼 아래 퀴즈를 풀며 알맞은 낱말을 확인해 보아요!

1. 같이 생활하거나 목표나 목적이 같은 집단을 뜻하는 말이야. 다음 중 무엇일까?
   ① 가족   ② 동호회   ③ 무리   ④ 공동체

2. 어떤 일을 하거나 다른 사람에게 요구할 수 있는 힘이나 자격을 뜻하는 말이야. 다음 중 무엇일까?
   ① 권리   ② 의무   ③ 역할   ④ 활동

3. 인간이 생활하는 데 쓰는 돈, 물건이나 일을 생산하고, 분배하고, 소비하는 활동이야. 다음 중 무엇일까?
   ① 발전   ② 정치   ③ 경제   ④ 문화

4. 농사를 짓기에 좋은 땅이고 지표면이 평평하고 너른 들을 뜻하는 말이야. 다음 중 무엇일까?
   ① 해안가   ② 평야   ③ 산지   ④ 강가

5. 사람들이 많이 살고 정치, 문화, 경제의 중심이 되는 지역을 뜻하는 말이야. 다음 중 무엇일까?
   ① 도시   ② 마을   ③ 지방   ④ 시장

답: ④ ① ③ ② ①

예나 지금이나 자연은 인간이 사회를 이루며 살아가는 데 가장 중요한 조건이었어요. 사람들이 마을을 이루어 사는 곳의 자연환경이 어떠한지에 따라 농촌, 어촌, 산지촌으로 나뉘었지요. 그렇다면 우리나라의 자연환경은 어떠한지 살펴볼까요? 우리나라의 바다, 산, 평야는 어디에 있을까요?

2장

농촌, 어촌, 산지촌, 우리나라의 자연에 맞게 마을을 이루어요

우리나라의 산지촌, 어촌, 농촌은 어디에 있을까요?

우리나라는 한반도(韓半島)라고 불립니다. '반도'란 삼면이 바다로 둘러싸여 있고 남은 한쪽 면은 대륙과 연결된 지형을 말합니다. 한반도의 '한(韓 한국 한)'은 한국을 뜻하는 한자입니다. 우리나라는 산이 많고 삼면이 바다로 둘러싸인 국토를 가졌습니다. 국토의 동쪽, 남쪽, 서쪽이 바다로 둘러싸여 있어 각각 동해, 남해, 서해라고 부릅니다. 북쪽으로는 북한을 거쳐 유라시아 대륙과 이어져 있지요.

아주 오래전 떠돌며 살던 사람들 중 일부는 한반도에도 터를 잡았습니다. 들에 터를 잡는 사람들도 있었고, 바닷가에 터를 잡고 사는 사람들도 있었습니다. 너른 들판에 자리 잡은 사람들은 농사를 지으며 농촌을 이루었고, 바닷가에 정착한 사람들은 물고기를 잡으며 어촌을 만들었습니다. 그렇다면 오늘날 우리나라의 농촌, 어촌, 산지촌은 어디에 있을까요? 지도를 보면 쉽게 알 수 있습니다.

우리나라의 동해, 남해, 서해에 인접한 지역에 자연스럽게 어촌이 형성되었습니다. 동해는 갯벌이 거의 없고 땅이 가파르기 때문에 바닷속 땅도 가파르게 깊어집니다. 그래서 물고기를 낚는 어업에 종사하는 사람들이 많이 있습니다. 동해의 어촌 지역으로 동해, 강릉, 속초 등이 있습니다. 남해 역시 어촌이 많이 있습니다. 대표적인 남해의 어촌 지역은 통영, 여수 등이 있습니다. 서해는 갯벌이 많다는 특징이 있습니다. 서해의 어촌 지역은 태안, 신안, 인천 등이 있습니다.

바닷가에서 내륙 쪽으로 들어오면 넓은 들판이 펼쳐집니다. 넓고 평평한 땅을 평야 지대라고 합니다. 평야 지대는 대부분 큰 강을 끼고 있어 논과 밭에 물을 공급하기에 이롭습니다. 벼농사를 짓기 알맞은 환경이어서 농촌이 자리하고 있습니다. 우리나라는 돌과 산이 많은 동쪽에 비해 서쪽과 남쪽에 평야 지대가 많이 있습니다. 대표적인 평야 지대르는 전라도의 호남평야, 나주평야, 경상도의 김해평야, 경기도의 김포평야가 있습니다.

　우리나라는 지형상 동쪽으로 갈수록 높고, 서쪽으로 갈수록 낮습니다. 그래서 서쪽에는 평야가 많고 동쪽에는 높은 산이 많습니다. 이것을 '동고서저(東高西低)'라고 말합니다. 과거에는 평평한 땅이었지만 오랜 시간에 걸쳐 동쪽의 땅이 서서히 융기하며 이런 지형이 만들어졌습니다. 물줄기 역시 높은 곳에서 낮은 곳으로 흐르기 때문에 큰 강들은 서쪽으로 흐릅니다.

　반면 동쪽에는 산이 많고 산봉우리들이 따로 떨어져 있는 게 아니라 이어져 있습니다. 이러한 지형을 '산맥'이라고 합니다. 우리나라 동쪽에는 거대한 산맥이 치우쳐져 있습니다. 이 산맥의 이름은 '태백산맥'입니다. 태백산맥을 중심으로 우리나라의 여러 산이 모여 있습니다. 강원도의 태벽, 정선 지역이 대표적인 우리나타의 산지입니다.

 두두야. 잘 봐,
이 낱말들을 알면 더 쉽게 이해돼! 낱말 찾기

- ★ **삼면** : 세 방향의 면.
- ★ **대륙** : 넓은 면적을 가지고 바다의 영향이 안쪽까지 미치지 않는 땅.
- ★ **지형** : 땅이 생긴 모양이나 형태.
- ★ **국토** : 나라가 가진 땅.
- ★ **유라시아** : 유럽과 아시아를 아울러 이르는 말.
- ★ **터** : 집이나 건물을 지을 자리.
- ★ **(관용어) 터를 잡다** : 집을 짓고 살아갈 자리를 정한다.
- ★ **정착하다** : 일정한 곳에 자리를 잡고 머물러 살다.
- ★ **적응하다** : 일정한 환경에 맞추어 있거나 알맞게 되다.
- ★ **형성하다(되다)** : 사물이나 대상이 어떤 모양이나 상태를 이루다.
- ★ **가파르다** : 산이나 길이 몹시 기울어져 있다.
- ★ **어업** : 이익을 내기 위해 물고기나 조개, 김 등을 잡거나 기르는 산업.
- ★ **종사하다** : 일로 생각하고 하다.
- ★ **내륙** : 바다에서 멀리 떨어진 육지.
- ★ **공급하다** : 필요한 물건 따위를 주다.
- ★ **이롭다** : 이익이 있다.
- ★ **융기하다** : 높이 일어나 들뜨다.
- ★ **산봉우리** : 산에서 뾰족하게 높이 솟은 부분.
- ★ **치우치다** : 한쪽으로 기울어져 몰리다.

 두두에게 이 낱말을 설명해 주세요.

오, 근데 잠깐만!
인간, '터를 잡다'라는 말은 무슨 뜻이라고 했지?

두두야, **터를 잡다**라는 말은

 글을 잘 읽고 이해했는지 확인해 봅시다!
문제를 풀며 글을 한 번 더 찬찬히 읽어 보세요!

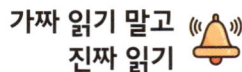

1. 이 글의 주제는 무엇일까요?
   ① 우리나라의 지리와 농어촌, 산지촌
   ② 바다와 대륙의 위치
   ③ 우리나라의 대표적인 마을
   ④ 한반도의 정의

2. 이 글에서 알 수 있는 내용 중 알맞지 않은 부분은 무엇일까요?
   ① 우리나라는 삼면이 바다로 둘러싸인 반도에 있다.
   ② 우리나라의 대표적인 평야 지대는 호남평야, 나주평야, 여수평야이다.
   ③ 우리나라는 동쪽으로 갈수록 높아지고 서쪽으로 갈수록 낮아진다.
   ④ 태백산맥은 우리나라의 대표 산맥이다.

3. 다음은 우리나라 지형에 대해 설명하는 말로 아래 빈칸을 채워 넣으세요.
   우리나라는 _____ 이 바다로 둘러싸여 있고, 남은 한쪽은 대륙과 연결되어 있습니다. 동쪽, 남쪽, 서쪽이 바다로 둘러싸여 있어 각각 _____ , _____ , _____ 라고 불리고, 북쪽은 북한을 거쳐 유라시아 대륙과 이어져 있습니다.

 한줄 글쓰기!

방학 때 우리나라 여행을 간다면 어디로 가고 싶나요? 그 이유도 함께 소개해 주세요.

들로 간 사람들은 어떻게 살았을까요?

오래전 사람들은 땅에 떨어진 열매의 씨에서 싹이 나서 자란다는 걸 알게 되었습니다. 싹이 점점 자라 나무가 되고 거기에 열매나 작물이 열린다는 사실을 경험으로 알게 되었지요. 그렇게 열린 열매나 작물을 따서 먹을 수 있다는 사실을 깨닫게 되자, 사람들은 그 후부터 씨앗을 땅에 심어 키우기 시작했습니다.

문단 ❶

평평한 들판이 펼쳐진 지역은 평야 지역이라고 합니다. 평야 지대에 자리를 잡은 사람들이 주로 작물을 키워서 먹을 것을 얻었습니다. 왜일까요? 작물을 키우기 위해서는 넓고 평평한 들판 같은 땅이 있어야 합니다. 좁고 가파른 땅에는 씨앗을 심고 작물을 키우기가 어려웠기 때문입니다. 평야는 작물을 키우기에 아주 잘 맞는 지형이었습니다. 평야는 너른 들판이 펼쳐지다 보니 산이 있어도 대부분 낮은 산이었습니다. 또한 근처에 하천이 흐르는 경우가 많아 작물에 물을 수월하게 줄 수 있었습니다. 작물이 영양분을 잘 흡수할 수 있으려면 땅이 기름지고 물이 충분히 공급되어야 합니다. 그래서 이런 조건을 갖춘 하천 하류 근처에 있는 평야 일대에서 농사가 아주 잘되었습니다.

문단 ❷

사람들은 유독 농사가 잘되는 평야로 와서 땅을 일구고 곡식을 심으며 터전을 만들어 나갔습니다. 작물을 키우려면 수시로 논밭에 나가 일을 해야 했습니다. 그래서 먹을 것을 키우는 경작지 근처에서 집을 짓고 살았습니다.

문단 ❸

우리나라는 언제부터 농사를 짓기 시작했을까요? 기록에 따르면 우리나라는 기

문단 ❹

문단 ❹ 원전 신석기 시대부터 벼농사를 시작했다고 전해집니다. 이것을 '신석기 혁명'이라고도 합니다. 이 말은 아주 오래전부터 우리나라에 농경이 시작되었다는 뜻입니다. 농사를 짓기 시작하면서 먹을 것을 구하는 것이 일시적인 일이 아니라 주기적인 일이 되었습니다. 먹을 것을 안정적으로 구할 수 있게 된 것이지요. 농사로 먹을 것을 잘 마련할 수 있게 되자 사람들의 수는 점점 늘어났습니다. 이렇게 농사를 하면서 생활하는 사람들이 사는 마을을 농촌이라고 합니다.

문단 ❺ 농촌 사회는 농사를 짓는 것을 서로 도와주며 자연스럽게 '내가 이 무리에 속해 있다'는 공동체 의식이 길러졌습니다. 공동체에 이바지하면 나도 도움을 받을 수 있다는 생각을 하면서 사람들은 더욱 잘 협동했습니다. 그렇게 힘을 모아 벼농사를 지으며 지역 사회를 이루었습니다.

 두두야. 잘 봐,
이 낱말들을 알면 더 쉽게 이해돼!

낱말 찾기

- ★ **경험** : 실제로 해 보거나 겪어 봄.
- ★ **경우** : 놓여 있는 조건이나 형편.
- ★ **공급** : 필요한 물품을 줌.
- ★ **하천** : 강과 시내를 아울러 이르는 말.
- ★ **영양분** : 영양이 되는 성분.
- ★ **흡수하다** : 빨아서 거두어들이다.
- ★ **기름지다** : 영양 상태가 좋아 윤기가 있다.
- ★ **하류** : 강이나 시내의 아래쪽 부분.
- ★ **터전** : 집 터. 자리를 잡은 곳.
- ★ **벼농사** : 벼를 심고 가꾸고 거두는 일.
- ★ **농경** : 논밭을 갈아서 농사를 지음.
- ★ **혁명** : 이전의 관습, 제도 방식 등을 깨뜨리고 새로운 것을 급하고 격렬하게 내세움.
- ★ **주기적이다** : 일정한 간격을 두고 되풀이하여 나타나다.
- ★ **안정적으로** : 바뀌어 달라지지 않고 일정한 상태로 유지되도록 하다.
- ★ **공동체 의식** : 생활, 행동, 목적을 같은 집단에 속해 있다고 생각하는 것.
- ★ **이바지하다** : 도움이 되게 하다.

오, 근데 잠깐만!
인간, '농경'이라는 말은 무슨 뜻이라고 했지?

 두두에게 이 낱말을 설명해 주세요.

두두야, **농경**이라는 말은

 글을 잘 읽고 이해했는지 확인해 봅시다!
문제를 풀며 글을 한 번 더 찬찬히 읽어 보세요!

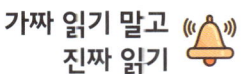 가짜 읽기 말고
진짜 읽기

1. 문단은 긴 글을 내용에 따라 나눈 이야기 토막을 말합니다. 이 글에서 4번째 문단의 제목을 붙인다면 무엇이 알맞을까요?
   ① 우리나라 농경과 농촌의 기원
   ② 평야에서 농사를 지은 이유
   ③ 농촌 사회의 특징
   ④ 농사의 조건

2. 이 글에서 알 수 있는 내용 중 알맞지 않은 부분은 무엇일까요?
   ① 평야 지대는 작물을 키우기에 좋은 환경이다.
   ② 우리나라는 기원전부터 벼농사를 시작했다.
   ③ 농사를 짓기 시작하면서 먹을 것을 구하는 것은 일시적인 일이 되었다.
   ④ 농경이 시작되면서 농촌 사회가 형성되었다.

3. 평야로 간 사람들의 삶에 대해 빈칸을 채워 넣으세요.
   사람들은 _____ 이 흐르는 평야에 정착해 땅을 일구고 곡식을 심으며 터전을 만들었습니다. _____ 를 지으면서 경작지 근처에서 집을 짓고 모여 살았습니다. 이렇게 _____ 이 시작되었습니다.

 한줄 글쓰기!

만약 내가 평야에 작물을 기른다면 무엇을 심고 싶나요? 그 이유도 함께 소개해 주세요.

사회 배경 지식을 쌓는 이야기 08

농촌의 일 년은 어떻게 흘러갈까요?

　우리나라는 쌀을 주식으로 하기 때문에 주로 벼농사를 합니다. 우리나라 농촌에서는 평평한 땅에 논을 만들고 벼를 키우며 일 년 동안 농사를 짓습니다.

　벼농사는 어떤 과정을 거쳐서 짓게 되는 걸까요? 봄에는 겨우내 언 땅을 갈고 거름을 뿌려서 기름지게 만듭니다. 그리고 좋은 볍씨를 골라 싹을 틔웁니다. 그런 다음 논에 물을 대고 싹이 난 모를 논에 옮겨 심습니다. 이러한 일을 '모내기'라고 합니다. 요즘은 '이앙기'라는 기계로 모판에 있는 모를 논에 옮겨 심지만 옛날에는 일일이 사람이 손으로 모를 심었습니다.

　여름에는 논에 난 잡초가 영양분을 빼앗아 먹지 못하도록 잡초를 뽑습니다. 이것을 '김매기'라고 합니다. 옛날 사람들은 주로 호미를 사용해 김을 맸습니다.

　가을이 되어 노랗게 벼가 익고 곡식이 다 여물면 알곡을 거두어들입니다. 이것을 '추수'라고 합니다. 다른 말로는 '가을걷이'라고도 합니다. 지금이야 추수하는 기계로 벼를 베어 탈곡까지 하지만, 옛날에는 낫을 사용해 일일이 손으로 벼를 베고 나서 논바닥에 깔아서 말렸습니다. 벼가 다 마르면 지게로 져서 넓은 마당으로 옮겼습니다. 그런 다음 마당에서 벼를 털어서 낟알을 떨어뜨려서 알곡을 모았습니다. 이러한 활동을 타작이라고 합니다. 이렇게 해서 쌀을 수확하면 한 해 농사가 끝이 납니다.

　모내기, 김매기, 추수와 같이 농사일이 매우 많아서 바쁜 때를 '농번기(農繁期, 농사 농, 번성할 번, 기약할 기)'라고 하였습니다. 겨울철에는 농사를 짓지 않고 땅을 쉬게 했습니다. 이때는 농사일이 별로 없어 여유로운 때여서 '농한기(農閑期, 농사 농, 한가할 한, 기약할 기)'라고 했습니다.

이처럼 일 년 내내 손이 많이 가는 농사일을 혼자 해서는 많은 벼를 수확할 수 없습니다. 그래서 농촌에 사는 사람들은 되도록 많은 벼를 수확하기 위해 서로 일을 도와주었습니다. 대표적인 활동으로 두레, 품앗이, 계가 있습니다.

두레는 마을 단위로 만들어진 협력 단체입니다. 두레에 속한 사람들은 모내기, 물대기, 김매기, 벼 베기와 같은 농사일부터 길쌈, 놀이까지 농촌 사회에서 일어나는 큼직한 일들을 힘을 모아 함께 일했습니다. 오늘 다른 사람들이 우리 집에 와서 우리 논의 일을 도왔다면, 내일은 나도 다른 집에 가서 다른 논의 일을 도와주는 식입니다. 큰 두레는 한 마을 전체가 참여했고, 작은 두레는 이웃 사람들 6~10명 정도가 함께했습니다.

품앗이는 두레보다 작은 규모로 일을 도와주는 단체입니다. 두레는 의무적으로 참여해야 하지만 품앗이는 친한 사람들끼리 자신이 원할 때 일손을 도왔습니다. 계는 두레나 품앗이에 비해 다양한 목적을 가진 협력 단체입니다. 농사일만이 아니라 친목을 위해 만들기도 했고, 이익을 위한 계도 만들어졌습니다.

 **두두야. 잘 봐,
이 낱말들을 알면 더 쉽게 이해돼!**   낱말 찾기

★ **주식** : 主食(주인 주, 밥 식), 밥이나 빵 같이 끼니 때 주로 먹는 음식.

★ **겨우내** : 한 겨울 동안 내내.

★ **거름** : 식물이 잘 자라도록 땅을 기름지게 만들려고 주는 물질.

★ **물을 대다** : 어떤 곳에 물을 끌어 들이다.

★ **잡초** : 가꾸지 않아도 저절로 자라는 풀.

★ **호미** : 감자나 고구마를 캐거나 잡초를 뽑을 때 쓰는 쇠로 만든 기구.

★ **여물다** : 과일이나 곡식이 알이 잘 들어차게 익다.

★ **탈곡** : 벼나 보리 따위의 이삭에서 낱알을 떨어뜨리는 일.

★ **지게** : 옛날 사람들이 짐을 얹어 등에 지고 운반하게 하는 도구.

★ **낱알** : 껍질을 벗기지 않은 곡식의 알.

★ **수확하다** : 다 익거나 자란 농산물, 수산물을 거두어들인다.

★ **협력** : 힘을 합쳐 서로 도움.

★ **규모** : 사물이나 현상의 크기나 범위.

★ **의무적으로** : 마음이 어떻든 상관없이 해야만 하는.

★ **참여하다** : 어떤 일에 끼어들어 함께하다.

★ **친목** : 서로 친해서 화목함.

★ **이익** : 물질적으로나 정신적으로 보탬이 되는 것.

오, 근데 잠깐만!
인간, '협력'이라는 말은
무슨 뜻이라고 했지?

 두두에게 이 낱말을 설명해 주세요.

두두야, **협력**이라는 말은

 글을 잘 읽고 이해했는지 확인해 봅시다!
문제를 풀며 글을 한 번 더 찬찬히 읽어 보세요!

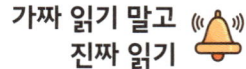 가짜 읽기 말고 진짜 읽기

1. 다음 중 농촌에서 봄에 하는 일은 무엇일까요?
   ① 논에 나가 낫으로 벼를 벤다.
   ② 앞으로의 농사를 위해 땅을 쉬게 한다.
   ③ 잡초를 뽑는다.
   ④ 모판에서 모를 키워 논에 옮겨 심는다.

2. 이 글에서 알 수 있는 내용 중 알맞지 않은 부분은 무엇일까요?
   ① 우리나라는 쌀이 주식이다.
   ② 농번기는 봄과 여름을 말한다.
   ③ 두레와 품앗이는 농사일을 돕는 협력 단체다.
   ④ 농사일은 매우 일손이 많이 필요하다.

3. 농촌에서는 한 해를 어떻게 보내는지 빈칸을 채워 넣으세요.

   농촌 사람들은 봄에는 언 땅을 갈아 기름지게 만들고, _____를 합니다. 여름에는 잡초를 뽑는 _____를 하고, 가을에는 잘 익은 곡식을 수확하는 _____를 합니다. 겨울에는 농사를 짓지 않고 땅을 쉬게 했습니다.

한줄 글쓰기!

만약 농촌에 간다면 어느 계절에 가고 싶나요? 그 이유도 함께 소개해 주세요.

바다로 간 사람들은 어떻게 살았을까요?

사람이 살아가는 데 식량은 굉장히 중요한 요소입니다. 먹을 것이 없으면 사람은 살아갈 수 없기 때문입니다. 아주 오래전 원시 시대부터 인간은 수렵과 채집 활동을 하며 먹을거리를 구했습니다. 땅에 사는 동물만이 아니라 물에 사는 물고기도 인간의 아주 중요한 식량이었습니다.

그렇다면 우리나라에서는 언제부터 물고기를 잡았을까요? 우리나라에서 선사 시대 유물로 뼈로 만든 낚시 도구가 나온 것으로 볼 때 아주 오래전부터 사람들이 물고기를 잡았다는 걸 알 수 있습니다. 그 이유는 우리나라의 자연환경을 보면 잘 알 수 있습니다.

우리나라는 삼면이 바다로 둘러싸여 있어 바다에 나가기에 아주 쉬운 환경입니다. 그렇기 때문에 일찍부터 물고기를 잡으며 사는 사람들이 많았습니다. 이들은 주로 바닷가나 섬에 자리를 잡고 살았습니다. 바닷가에 사는 사람들이 점점 늘어나 마을을 만들었습니다. 이러한 마을을 어촌이라고 합니다.

바닷가에 사는 사람들은 힘을 모아 물고기를 잡는 일을 했습니다. 함께 물고기를 잡는 어구를 만들고 배를 만들었습니다. 바닷가에 고기잡이배를 댈 항구를 만들고, 바다에 나가 잡은 물고기를 나누어 가졌습니다. 오랜 시간이 흘러 고기 잡는 기술이 점점 늘어나서 더 많은 고기를 잡을 수 있었습니다. 사람들은 먹고 남은 고기들이 썩지 않도록 소금에 절여 저장하는 '염장법'을 개발해 냈습니다.

자연환경은 사람이 살아가는 방식과 모습에 아주 큰 영향을 줍니다. 바다 역시 모두 똑같은 환경이 아니라 지형이나 기후에 따라 자연환경이 다릅니다. 그래서 바닷가 마을 간에도 차이가 있습니다.

우리나라의 동해안은 서해나 남해에 비해 해안선이 비교적 단순하게 생겼고 육지에는 산지가 많아 땅이 가파릅니다. 동해의 수심 역시 가파르게 깊어져 어업을 하기 좋은 환경입니다. 반면 농사를 지을 만한 평평한 땅이 별로 없습니다. 그래서 동해안의 어촌 사람들은 주로 물고기를 잡는 일인 '어업'에 종사했습니다. 어업을 하면서 경사지고 좁다란 땅에 집을 짓고 집 근처에 작은 밭을 만들어 작물을 키워 먹었습니다.

한편 남해안과 서해안은 해안선이 매우 복잡하게 생겼습니다. 해안선은 바다와 육지가 맞닿은 선을 말합니다. 남해안과 서해안은 해안선이 구불구불하고 굴곡이 많습니다. 특히 서해는 수심이 얕고 갯벌이 넓게 펴져 있습니다. 그래서 서해에 있는 어촌은 갯벌에서 나는 조개 등을 캐서 생활하는 사람들이 많습니다.

남해안과 서해안은 동해에 비해 땅이 완만하고 평평한 지역이 많은 편입니다. 우리나라의 지형이 '동고서저'이기 때문입니다. 동쪽으로 산지가 많이 있고, 서쪽과 남쪽으로 갈수록 낮고 평평한 지역이 많이 있습니다. 그래서 남해와 서해의 어촌 사람들은 바다에 나가 물고기를 잡으면서 평평한 땅에는 농사도 지으며 살았습니다. 이것을 '반농반어(半農半漁)'라고 합니다. 말 그대로 어업과 농업을 반씩 한다는 뜻입니다. 이렇게 어업과 농업을 함께하며 살아가는 마을을 '반농 반어촌'이라고 합니다.

 두두야. 잘 봐,
이 낱말들을 알면 더 쉽게 이해돼! 낱말 찾기

- ★ **식량** : 사람이 살기 위해서 필요한 먹을거리.
- ★ **수렵** : 활이나 올가미 같은 사냥 도구로 산이나 들의 짐승을 잡는 일.
- ★ **채집** : 돌아다니며 캐거나 찾아서 모으는 일.
- ★ **선사 시대** : 문서나 책이 존재하지 않는 시대. 석기 시대와 청동기 시대를 말한다.
- ★ **유물** : 조상 세대가 뒤에 오는 세대에 남긴 물건.
- ★ **환경** : 자연적인 조건과 사회적인 상황.
- ★ **소금에 절이다** : 소금에 담가 간이 배어들게 하다.
- ★ **저장하다** : 물건 따위를 잘 모아서 보관하다.
- ★ **기후** : 여러 해에 걸쳐 나타나는 기온이나 날씨의 평균적인 상태.
- ★ **해안선** : 바다와 육지가 맞닿은 선.
- ★ **비교적** : 다른 것과 견주어 판단하는.
- ★ **수심** : 물의 깊이.
- ★ **평평하다** : 바닥이 고르고 판판하다.
- ★ **맞닿다** : 마주 닿다.
- ★ **굴곡** : 이리저리 굽어 꺾여 있음.
- ★ **캐다** : 땅속에 묻힌 자연 생산물을 파서 꺼내다.
- ★ **완만하다** : 얕게 기울어지다.

 두두에게 이 낱말을 설명해 주세요.

두두야, **기후**라는 말은

오, 근데 잠깐만!
인간, '기후'라는 말은
무슨 뜻이라고 했지?

 글을 잘 읽고 이해했는지 확인해 봅시다!
문제를 풀며 글을 한 번 더 찬찬히 읽어 보세요!

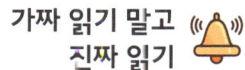 가짜 읽기 말고 진짜 읽기

1. 다음 중 어촌 생활에 대해 맞지 않은 부분은 무엇일까요?
   ① 어촌 사람들은 오로지 물고기를 잡았다.
   ② 물고기를 오래 저장하기 위한 방법을 만들었다.
   ③ 고기잡이배를 대기 위한 항구가 있다.
   ④ 동해와 서해는 바다 환경이 다르다.

2. 다음은 무엇을 소개하는 말일까요? 다음 글을 읽고 본문에서 해당하는 낱말을 찾으세요.

   > 바다와 육지가 맞닿은 곳으로 동해안은 비교적 단조로운 편이며 서해와 남해는 매우 복잡하게 굴곡져 있습니다.

   ① 갯벌   ② 해안선
   ③ 수심   ④ 어장

3. 우리나라 어촌에 대해 설명하는 말로, 다음 빈칸을 채워 넣으세요.

   우리나라 동해는 _____ 이 단순하고, 수심이 깊어 어업하기에 좋습니다. 반면 남해와 서해는 해안선이 복잡하고 _____ 이 넓게 퍼져 있어 조개를 캐는 사람들이 많습니다. 농사와 어업을 함께하는 _____ 의 모습을 띕니다.

 한줄 글쓰기!

어촌에 가면 무엇을 가장 하고 싶나요? 그 이유도 함께 소개해 주세요.

사회 배경 지식을 쌓는 이야기 10

어촌에만 볼 수 있는 것은 무엇이 있을까요?

　바다 근처에 터를 잡고 사는 사람들은 자연스럽게 바다에서 난 것을 구해서 먹고 쓰며 생활해 왔습니다. 바다에서 더 많은 물고기를 잡고 조개와 수산물을 얻기 위해 사람들은 튼튼한 배를 만들고 다양한 도구를 만들어 냈습니다. 한번 배를 몰고 바다로 나가면 많은 물고기를 잡아서 돌아왔기 때문에 여러 사람들이 힘을 모아 작업할 일이 많았습니다. 그래서 멀리 떨어진 곳에 집을 짓지 않고 이웃과 가까운 곳에 집을 짓고 살았습니다.

　집 근처에서 가축을 기르는 육지와 달리, 바다에서는 바다로 나가 낚시를 해서 수산물을 잡아야 합니다. 이를 위해서는 고기잡이배와 다양한 어구가 있어야 합니다. 자연스럽게 바다 마을에서만 볼 수 있는 시설과 물건들이 생겨났습니다.

　바닷가 마을에는 고기잡이배들을 볼 수 있습니다. 배를 만드는 기술이 미흡했던 옛날에는 나무를 쪼개어 판을 덧붙이는 방식으로 작은 배를 만들었습니다. 오랜 시간에 걸쳐 다양한 기술이 개발되면서 오늘날 어선의 형태로 발전했습니다.

　또한 고기잡이배들이 안전하게 바다로 나가고 또 육지로 들어올 수 있도록 항구를 마련했습니다. 고기잡이배들이 머무르는 곳이라 항구는 대부분 파도가 잔잔한 만에 있습니다. 항구에는 배를 대고 짐을 내리거나 사람들이 타고 내릴 수 있는 공간인 부두가 마련되어 있습니다.

　간혹 태풍으로 거친 파도가 일 때를 대비해 항구에 둑을 쌓기도 합니다. 항구를 보호하기 위해 쌓은 둑을 방파제라고 합니다. 방파제는 바닷가에 가면 흔히 볼 수 있습니다. 옛날에는 돌을 쌓아 만들었는데, 요즘에는 콘크리트 구조물로 방파제를 만듭니다.

어촌에는 고기잡이배들이 밤에도 바닷길을 잘 찾아올 수 있도록 바다에 불을 밝혀 주는 시설인 등대도 있습니다. 전기가 없던 아주 옛날에는 나무나 송진을 태워 등대의 불을 밝혔다고 합니다. 바다에 나간 뱃사람들이 어둠과 안개 속에서도 길을 잘 찾고, 위험한 것을 피해 갈 수 있도록 안내하는 역할을 했습니다.

고기잡이배들이 고기를 잡아 오면 건조대에 해산물을 걸어 오랫동안 보관해 놓고 먹었습니다. 지금도 어촌에 가면 오징어와 청어, 꽁치 등을 건조대에 걸어 놓고 해풍에 말리는 풍경을 흔히 볼 수 있습니다. 이러한 시설을 건조장이라고 합니다. 어촌에 가면 잡아 온 수산물을 사고파는 시장도 볼 수 있습니다. 어촌의 수산물 시장에서는 신선한 해산물을 더욱 저렴하게 살 수 있습니다. 소금을 만드는 공간인 염전도 어촌에서만 볼 수 있는 시설입니다. 바닷물을 햇볕과 바람으로 말리면 물이 증발하고 소금이 남습니다. 이렇게 만든 소금을 천일염이라고 합니다.

과거에는 물고기를 낚시해서 잡아야 했지만, 기술이 발달하면서 물고기도 가축처럼 길러 내는 방법을 개발했습니다. 이것을 양식업이라고 합니다. 바다에서는 크고 작은 양식장을 볼 수 있습니다.

어촌에는 이렇게 바다를 이용하는 시설이 마련되어 있고, 어촌 사람들은 바다 환경에 적응해 살아가고 있습니다.

 두두야. 잘 봐,
이 낱말들을 알면 더 쉽게 이해돼!

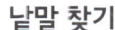 낱말 찾기

- ★ **다양하다** : 모양 빛깔 형태 따위가 여러 가지로 많다.
- ★ **어구** : 漁具(고기잡을 어, 갖출 구), 고기잡이에 쓰는 여러 가지 도구.
- ★ **시설** : 도구나 기계 따위를 사용해 갖춤.
- ★ **미흡하다** : 흡족하지 못하다.
- ★ **개발하다** : 지식이나 재능, 기술 따위를 발달하게 하다.
- ★ **대부분** : 전체에 거의 가까운 분량.
- ★ **만** : 바다가 육지 속으로 파고들어 와 있는 곳.
- ★ **공간** : 어떤 일이 일어날 수 있는 자리.
- ★ **마련하다** : 헤아려 갖추다.
- ★ **구조물** : 설계에 따라 여러 재료를 써서 만든 물건.
- ★ **송진** : 소나무나 잣나무에서 나오는 끈적끈적한 액체.
- ★ **뱃사람** : 배를 몰거나 배에서 일하는 사람.
- ★ **해풍** : 海風(바다 해, 바람 풍), 바다에서 육지로 불어오는 바람.
- ★ **증발하다** : 액체 상태에서 기체 상태로 변하다.
- ★ **양식업** : 養殖業(기를 양, 불릴 식, 업 업), 물고기나 버섯, 해조류 따위를 키우는 양식을 전문으로 하는 직업.

 두두에게 이 낱말을 설명해 주세요.

두두야, **개발하다**라는 말은

오, 근데 잠깐만!
인간, '개발하다'라는 말은
무슨 뜻이라고 했지?

 글을 잘 읽고 이해했는지 확인해 봅시다!
문제를 풀며 글을 한 번 더 찬찬히 읽어 보세요!

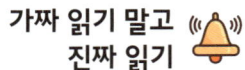

1. 다음 중 어촌에서 볼 수 있는 것으로 맞지 않은 것은 무엇일까요?

   ① 양식장   ② 수산물 시장
   ③ 항구   ④ 버섯밭

2. 이 글에서 이야기한 등대의 목적으로 알맞지 않은 것은 무엇일까요?

   ① 밤에 깜깜한 바다에 불을 밝혀주기 위해
   ② 좋은 경치를 보기 위해
   ③ 위험한 것을 피해 가도록 안내하기 위해
   ④ 안개 낀 날씨에 바닷길을 찾도록 돕기 위해

3. 어촌에 있는 시설에 대해 설명하는 말로, 다음 빈칸을 채워 넣으세요.

   　　　　는 고기잡이배들이 머무는 곳으로 파도가 잔잔한 만에 있습니다. 항구를 보호하기 위해 쌓은 둑을 　　　　라고 합니다. 바닷물을 햇볕과 바람으로 말려 소금을 만드는 　　　도 있습니다. 이렇게 만든 소금을 천일염이라고 합니다.

 한줄 글쓰기!

어촌에 있는 시설 중 어떤 것을 이용해 보고 싶나요? 그 이유도 함께 소개해 주세요.

 산으로 간 사람들은 어떻게 살았을까요?

우리나라는 국토의 70%가 산지일 만큼 산이 매우 많습니다. 대부분의 땅이 산이기 때문에 아주 오래전부터 사람들은 산에 터를 잡고 살아왔습니다. 지금처럼 땅을 깎아내리고 도로를 만드는 기술이 없었던 옛날에는 평평한 땅이 더욱 없었지요.

산속은 평야와 달리 나무가 많고 경사가 가파르기 때문에 집을 지을 평평한 땅의 면적이 좁습니다. 그래서 집들이 모여 있지 않고 비탈길로 이어져 띄엄띄엄 자리합니다. 이렇게 산지에 집들이 모여 이루어진 촌락을 산촌 혹은 산지촌이라고 합니다.

산지촌에 사는 사람들은 산에서 나는 것들을 먹고 쓰며 생활했습니다. 산나물, 버섯과 같이 산에서 나는 먹을거리를 캐어 먹었습니다. 또 집 근처에 좁고 작은 밭에 농작물을 키워 먹었습니다. 산지촌에는 농촌보다 작물을 심을 만한 땅이 없기 때문에 나무를 베거나 태워서 작물을 심을 땅을 만들었습니다. 이렇게 야생에서 난 풀과 나무를 태워 만든 밭에 농사를 짓는 방법을 '화전(火田)'이라고 합니다. 근처에 하천이 흐르는 농촌과 달리, 산지촌은 물을 구하기 어려운 환경이라 밭농사를 주로 지었습니다. 경사진 밭에 감자, 무 따위를 심어서 키웠습니다.

또한 산지촌은 경사진 땅을 층층이 일구어 계단처럼 생긴 논을 만들기도 했습니다. 비탈진 땅을 평평하게 깎아 계단처럼 만든 논을 '다랑 논' 혹은 '계단식 논'이라

문단 ④ 고 합니다. 주로 경사진 산지에서 나타나는 논의 형태입니다.

문단 ⑤ 산지촌 사람들은 산에서 구할 수 있는 재료인 흙과 나무로 집을 지었습니다. 대표적인 예로 귀틀집이 있습니다. 귀틀집은 통나무를 쌓아 지은 집입니다. 산에서 손쉽게 구할 수 있는 통나무로 벽을 만들고 틈새를 흙으로 메워 만들었습니다. 너와집 역시 산지촌의 대표적인 가옥 형태입니다. 너와는 붉은 소나무나 전나무로 만든 지붕 재료입니다. 너와집은 너와를 켜켜이 쌓아서 지붕을 만들고 바람에 날아가지 않도록 돌이나 통나무로 눌러 두었습니다.

문단 ⑥ 산지촌에 사는 사람들은 나무를 베어 내다 팔거나 산에서 나는 버섯이나 약초를 캐내어 팔며 생활했습니다. 시간이 흐르면서 지하자원을 캐서 활용하는 기술이 발달하면서 산에서 금속이나 광물을 캐내는 일을 하는 사람들도 많아졌습니다.

 두두야. 잘 봐,
이 낱말들을 알면 더 쉽게 이해돼! 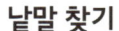 낱말 찾기

- ★ **면적** : 면이 차지하는 넓이의 크기.
- ★ **비탈길** : 비탈진 언덕에 있는 길.
- ★ **산나물** : 산에서 나는 나물.
- ★ **야생** : 산이나 들에서 저절로 나고 자란 생물.
- ★ **따위** : 앞에 나온 것들과 같은 종류의 것들이 더 있음.
- ★ **층층이** : 여러 층으로 쌓인 모양.
- ★ **일구다** : 논이나 밭을 만들기 위해 땅을 파서 일으키다.
- ★ **틈새** : 벌어진 틈의 사이.
- ★ **켜켜이** : 포개진 물건의 층 사이마다.
- ★ **약초** : 약으로 쓰는 풀.
- ★ **지하자원** : 땅속에 묻혀 있는 자원. 대표적으로 석유, 석탄, 광물이 있다.
- ★ **활용하다** : 충분히 잘 이용하다.
- ★ **금속** : 열이나 전기가 잘 이동하고, 펴지고 늘어나는 성질이 있고 광택이 있는 물질. 금, 은, 철, 구리 등이 있다.
- ★ **광물** : 자연에서 나는 무기질 고체. 화학 성분이 일정하고, 질이 고르다.

 두두에게 이 낱말을 설명해 주세요.

두두야, **지하자원**이라는 말은

오, 근데 잠깐만!
인간, '지하자원'이라는 말은 무슨 뜻이라고 했지?

 글을 잘 읽고 이해했는지 확인해 봅시다!
문제를 풀며 글을 한 번 더 찬찬히 읽어 보세요!

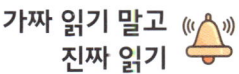

1. 다음 중 산지촌에서 볼 수 있는 것으로 맞지 않은 것은 무엇일까요?
   ① 너와집   ② 버섯밭
   ③ 약초꾼   ④ 다랑어

2. 문단은 긴 글을 내용에 따라 나눈 이야기 토막을 말합니다. 이 글에서 5번째 문단의 제목을 붙인다면 알맞은 것은 무엇일까요?
   ① 산지촌의 먹거리   ② 산지촌의 가옥
   ③ 산지촌의 농사 방법   ④ 산지촌의 지형

3. 산지촌에서 살아가는 모습에 대해 설명하는 말로, 다음 빈칸을 채워 넣으세요.
   산지촌에 사는 사람들은 야생에서 난 풀과 나무를 태워 밭을 만들어 농사지었는데 이를 _____ 이라고 합니다. 또 경사진 땅을 층층이 일구어 만든 논을 _____ 이라고 합니다. 산에서 구할 수 있는 통나무를 쌓아올려 _____ 을 지어 살았습니다.

 한줄 글쓰기!
산지촌에 가면 어떤 음식을 만들어 먹고 싶나요? 그 이유도 함께 소개해 주세요.

지금처럼 과학 기술이 발달하지 않았던 옛날에는 무엇이든 사람의 힘으로 직접 해내고 만들어 내야 했어요. 전기도 없고, 기계도 없던 그 시절에도 사람들이 점점 많이 모여 살게 되자 서로 힘을 모아 다양한 기술을 만들어 내고 생활의 문제를 해결해 낼 수 있었답니다.

3장

전통 사회는 어떻게 발달해 왔을까요?

사회 배경 지식을 쌓는 이야기 12

사람들의 손으로 만든 환경들이 생겨났어요

옛날 사람들은 자연에서 주어진 환경에 맞게 살았고, 필요한 것들이 있으면 스스로 만들어 썼습니다. 생활에 필요한 도구를 손으로 만들어 썼고, 여러 시설도 직접 만들었습니다. 이렇게 인간이 필요해서 만들어 낸 것들을 '인문 환경'이라고 합니다. 자연환경은 자연에서 주어진 그대로 있는 환경을 말하고, 인문 환경은 인간이 직접 만들어 낸 환경을 말합니다.

예를 들어 볼까요? 같은 땅이라고 해도, 자연 그대로 육지였던 곳은 자연환경이지만, 바다에 흙을 부어 메워서 만든 땅은 인문 환경입니다. 이처럼 사람들은 옛날부터 자연에 적응하면서 살기도 했지만, 직접 환경을 만들어 내기도 했습니다. 다양한 기술이 발달하면서 오늘날에 우리가 사는 사회에는 사람이 직접 만들어 낸 인문 환경이 아주 많습니다.

예나 지금이나 사람의 생활에서 물이 반드시 필요합니다. 지금은 당연하게 집집마다 수도 시설이 있어서 수도꼭지만 틀면 물이 나옵니다. 하지만 옛날에는 이런 수도 시설이 없었습니다. 자연환경에 그대로 맞춰 생활했던 옛날 사람들은 강이나 호수에서 직접 물을 길어 마시고, 그 물로 몸을 씻었습니다. 그래서 물이 있는 곳 가까이에서 생활을 했습니다.

하지만 강이나 호수에서 멀리 떨어진 곳에 있는 마을은 매번 물을 떠오기가 쉽지 않았습니다. 그런 마을에 사는 사람들은 지하수가 흐르는 곳까지 닿도록 땅을 깊게 팠습니다. 그런 다음에 우물을 만들어서 그곳에서 물을 길어다 썼습니다. 산이 많고 비가 자주 오는 우리나라는 지하수가 많이 흘러 우물을 만들기도 쉬웠습니다. 대부분의 사람들은 마을 공동 우물을 썼고, 부잣집은 집에 직접 우물을 파서 만들었습니다. 매일 사용할 물을 우물에서 길어야 했기 때문에 우물은 사람들이 모이는 중요한 장소이기도 했습니다.

그러나 비가 오지 않는 날이 오래 이어지는 때도 있었습니다. 바로 '가뭄'이 든 것이지요. 가뭄이 들 때는 지하수가 마르기도 했어요. 우물이 말라 마실 물이 없어서 고통받던 사람들은 가뭄에 미리 대비해야겠다고 생각했습니다. 그래서 만든 시설이 바로 저수지와 댐입니다.

옛날 사람들은 오래전부터 저수지와 댐을 만들었습니다. 삼국 시대에 만든 '벽골제'는 흙으로 만든 저수지이면서 댐이기도 합니다. 저수지는 흐르는 물을 저장해서 필요할 때 쓸 수 있게 만든 수리 시설입니다. 물을 모아서 인공적으로 만든 못이지요.

댐은 하천이나 계곡 같은 흐르는 물길을 가로막기 위해 쌓은 둑을 말합니다. 인간이 만든 시설 중 가장 큰 축에 속합니다. 댐은 저수지처럼 물을 모아 두기 위해 만들기도 했지만, 홍수 피해를 막기 위해서도 만들었습니다. 오늘날 댐은 전기를 만드는 '발전(發電)'의 용도로도 활용됩니다.

 두두야. 잘 봐,
이 낱말들을 알면 더 쉽게 이해돼!

낱말 찾기

★ **주어지다** : 일, 환경, 조건 따위가 갖추어진 채로 제시되다.

★ **메우다** : 뚫려 있거나 비어 있는 곳을 막거나 채우다.

★ **발달하다** : 더 높은 수준에 이르다.

★ **예나** : 옛날이나.

★ **당연하다** : 앞뒤 사정을 보았을 때 마땅히 그러하다.

★ **집집마다** : 각 집. 모든 집.

★ **수도 시설** : 물이 많은 곳에서 물을 끌어다 정수해서 지역에 공급하는 시설

★ **길어다(긷다)** : 우물이나 샘에서 바가지로 물을 뜨다.

★ **물물교환** : 물건과 물건을 바꾸는 일.

★ **상수도** : 물을 관을 통해 보내 주는 설비.

★ **널리** : 범위가 넓게.

★ **지하수** : 빗물이 땅속에 스며들어 고인 물.

★ **인공적으로** : 사람이 만든 것으로.

★ **못** : 넓고 오목하게 패인 땅에 물기 고인 곳.

★ **가로막다** : 앞을 가로질러 막다.

★ **축** : 일정한 특성에 따라 나누어지는 부분.

★ **용도** : 쓰이는 쓰임새.

★ **활용하다** : 충분히 잘 이용하다.

오, 근데 잠깐만!
인간, '인공적'이라는 말은 무슨 뜻이라고 했지?

 두두에게 이 낱말을 설명해 주세요.

두두야, **인공적**이라는 말은

 글을 잘 읽고 이해했는지 확인해 봅시다!
문제를 풀며 글을 한 번 더 찬찬히 읽어 보세요!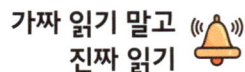

1. 이 글에서 알 수 있는 내용 중 알맞지 않은 부분은 무엇일까요?

   ① 사람들은 주어진 자연환경대로만 살았다.
   ② 인간이 직접 만들어 낸 환경을 인문 환경이라고 한다.
   ③ 가뭄에 대비해 만든 시설이 저수지와 댐이다.
   ④ 댐은 저수지보다 큰 수리 시설이다.

2. 다음 중 인간이 만들어 낸 수리 시설을 가장 작은 규모부터 큰 규모 순으로 알맞게 나열한 사람은 누구일까요?

   ① 채현 : 강-우물-저수지
   ② 미랑 : 우물-댐-강
   ③ 유형 : 댐-저수지-우물
   ④ 서주 : 우물-저수지-댐

3. 사람들이 직접 만들어 낸 인문 환경에 대한 설명으로 다음 빈칸을 채워 넣으세요.

   옛날 사람들은 물을 쓰기 위해 _____ 가 흐르는 곳까지 땅을 파서 _____ 을 만들었습니다. 또한 가뭄을 대비해서 저수지를 만들기도 했는데 _____ 는 삼국 시대에 만든 저수지입니다. 이렇게 인공적으로 만들어낸 환경을 _____ 이라고 합니다.

 한줄 글쓰기!

우리 동네에서 내가 만들고 싶은 시설이나 환경이 있다면 무엇이 있나요?
그 이유도 함께 소개해 주세요.

사회 배경 지식을 쌓는 이야기 13

 **잉여 식량이 생겨나면서 장인, 지배 계급이 나타났습니다**

옛날 사람들은 다양한 도구를 사용해 농사를 지었습니다. 자연에서 얻은 재료인 돌로 만든 도구를 사용했는데, 이 시기를 석기 시대라고 합니다. 그러다 돌에서 발견한 구리에 아연, 주석 같은 다른 금속을 섞어서 청동기를 만들어 냈습니다. 돌보다 강하고 다양한 모양으로 만들 수 있는 청동기를 농사 도구로 쓰자 작물을 더 잘 키워 냈습니다. 이를 청동기 시대라고 합니다. 사람들이 금속을 더 잘 알게 되면서 청동기 다음으로 철로 만든 도구를 쓰는 철기 시대를 맞이합니다.

다양한 농사 도구가 등장하였는데, 단단한 땅을 파는 도구로 곡괭이를 만들어 썼습니다. 돌로 만든 괭이를 돌괭이, 철로 만든 괭이를 철괭이라고 합니다. 곡식을 수확할 때 쓰는 도구로는 반달돌칼과 낫이 있습니다.

농사를 짓는 도구와 기술이 좋아지자 더 많은 식량을 얻을 수 있었습니다. 식량이 없어 굶어 죽는 사람들은 줄어들었고 남은 식량을 저장했지요. 이렇게 먹고도 남은 식량을 '잉여 식량'이라고 합니다. '잉여(剩餘)'는 '나머지'를 뜻하는 한자어입니다.

사람들은 남아도는 식량을 겨울처럼 작물을 얻기 어려운 계절에 대비해 저장해 두었다가 꺼내 먹었습니다. 이를 위해 누군가 식량을 잘 보관하고 사람들에게 나누어 주는 일을 해야 했습니다. 이런 일들을 맡는 사람들은 먹을 것에 대한 권한을 가졌습니다. 이들은 자연스럽게 사람들을 다스리는 지배층이 되었습니다.

이렇게 평등하던 사회에서 계급이 생겨났습니다. 계급은 사회에서 돈, 신분, 직업 등으로 사람들을 구분하는 것을 말합니다. 지배 계급에 속한 사람은 더 많은 권력을 가지고 사람들을 다스렸습니다. 먹을 것이 얼마나 있는지를 파악하고, 관리하기 위해 '문자'를 써서 기록했습니다. 농사가 잘되기를 기원하는 제사를 지내는 이들도 지배 계급이 되었습니다.

또한 농사를 짓는 기술이 발전하면서 사람들이 충분히 먹고살 만큼 식량을 만들 수 있자, 농사일을 하지 않고 다른 일을 하는 사람들이 생겼습니다. 그릇이나 칼, 옷과 같이 생활에 필요한 도구만 전문적으로 만드는 사람들이 등장한 것입니다. 이들을 '장인(匠人)'이라고 합니다. 장인이 등장하면서 일의 종류는 더욱 다양해졌습니다. 예전에는 모두 농사일만 하고 살았다면, 식량이 많아지고 도시가 되어 가면서 점점 다양한 일이 나타난 것입니다.

물건과 도구를 전문적으로 만드는 장인들이 생기면서 사람들의 생활은 더욱 편리해졌습니다. 장인들이 만든 물건들을 얻기 위한 물물교환도 이루어졌습니다. 물물교환은 물건과 물건을 교환하는 것을 말합니다. 예를 들어 그릇을 잘 만드는 사람이 옷이 필요할 때 옷을 만드는 사람에게 찾아가 옷과 그릇을 서로 바꾸는 것입니다. 자연스럽게 이러한 물물교환을 원활하게 할 수 있는 장소가 등장했습니다. 바로 시장이 생겨난 것입니다.

이처럼 농사 기술이 발전해 식량이 충분해지면서 계급이 생겨나고 다양한 일이 만들어졌습니다. 사회는 점점 복잡해지고 규모가 커지면서 마을에서 도시가 되어 가는 것입니다.

 두두야. 잘 봐,
이 낱말들을 알면 더 쉽게 이해돼!

낱말 찾기

- ★ **원활하다** : 거침없이 잘 나가는 상태다.
- ★ **남아돌다** : 아주 넉넉해서 나머지가 많이 있다.
- ★ **권한** : 어떤 사람의 권력이 미치는 범위.
- ★ **다스리다** : 나라나 사회, 단체의 일을 잘 보살펴 관리하고 통제하다.
- ★ **지배** : 어떤 사람이나 집단이 다른 사람들을 자기 의사대로 다스림.
- ★ **지배층** : 지배 계급이 속한 계층.
- ★ **계급** : 사회에서 신분, 재산, 직업 따위가 비슷한 사람들로 만들어지는 집단. 그 집단의 지위.
- ★ **파악하다** : 어떤 내용을 확실히 이해해서 알다.
- ★ **문자** : 인간의 말을 적는 데 쓰는 기호와 글자.
- ★ **전문적으로** : 어떤 분야에 상당한 지식과 경험을 가지고 그 일을 잘하는.
- ★ **등장하다** : 세상에 나오다. 나타나다.
- ★ **종류** : 사물의 부문을 나누는 갈래.

오, 근데 잠깐만!
인간, '계급'이라는 말은
무슨 뜻이라고 했지?

 두두에게 이 낱말을 설명해 주세요.

두두야, **계급**이라는 말은

 글을 잘 읽고 이해했는지 확인해 봅시다!
문제를 풀며 글을 한 번 더 찬찬히 읽어 보세요!

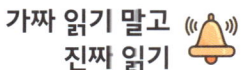

1. 다음 문장을 읽고 (괄호) 안에서 알맞은 쪽을 선택해 주세요.

    가. 농사 기술이 좋아지면서 (잉여 인원 / 잉여 식량)이 생겼습니다.

    나. 사회를 돈, 신분, 직업으로 구분하는 (계급 / 지배)가 생겼습니다.

    다. 장인은 필요한 물건을 (일시적으로 / 전문적으로) 만드는 직업인입니다.

    라. 물건과 물건을 교환하는 것을 (물물교환 / 물질교환)이라고 합니다.

2. 다음은 무엇을 소개하는 말일까요? 다음 글을 읽고 본문에서 해당하는 낱말을 찾으세요.

    > 농사를 짓는 기술이 더욱 좋아지면서 예전보다 더 많은 식량을 얻을 수 있게 되었습니다. 사람들이 먹고 남은 식량을 저장했다가 먹을 것이 부족해지면 꺼내 먹을 수 있었습니다.

    ① 저장 식량   ② 지배층   ③ 잉여 식량   ④ 계급

3. 장인, 지배 계급의 출현에 대한 설명으로 다음 빈칸을 채워 넣으세요.

    잉여 식량이 생기게 되면서 이를 관리하는 사람들이 나타났습니다. 이들은 자연스럽게 _____ 이 되었습니다. 농사일을 하지 않고 전문적으로 물건을 만드는 _____ 이 등장했습니다. 사람들은 서로 필요한 물건끼리 바꾸는 _____ 을 하였습니다.

 한줄 글쓰기!

내가 만일 장인이 된다면 어떤 물건을 만들고 싶나요? 그 이유도 함께 소개해 주세요.

> 사회 배경
> 지식을 쌓는
> 이야기
> 14

화폐가 필요해졌어요

옛날 사람들은 필요한 물건이 있으면 그 물건을 가진 사람에게 찾아가 자신의 물건과 맞바꾸어서 얻었습니다. 이렇게 필요한 물건끼리 바꾸어 갖는 것을 '물물교환'이라고 합니다. 그러나 물건이 필요할 때마다 매번 그 물건을 가진 사람을 찾기가 어려웠습니다. 게다가 물건을 가진 사람을 찾는다고 해도 상대방이 자신의 물건을 원하지 않으면 교환하기가 어려웠지요. 물건마다 값어치가 달라서 맞교환하기도 쉽지 않았습니다. 예를 들어 나는 그릇이 필요한데, 상대방은 소가 필요할 경우에는 값어치가 비슷하지 않아 교환하기가 어려웠어요.

이렇게 물물교환을 하는 데 어려움이 있자 이것을 해결하기 위한 방법이 등장했습니다. 바로 화폐입니다. 화폐는 오늘날의 돈을 말합니다. 화폐가 생기자 여러 가지 문제가 해결되었습니다. 먼저 물건의 값어치를 정할 수 있게 되었습니다. 그릇 하나와 소 한 마리의 값어치는 다릅니다. 화폐의 수로 그 값어치를 정할 수 있었지요. 또한 내가 가진 물건을 얻기 위해 꼭 상대방이 원하는 물건을 마련할 필요도 없어졌습니다. 화폐를 주면 필요한 물건을 가질 수 있었으니까요. 또 화폐는 물건과 달리, 금방 상하지 않아 모았다가 나중에 써도 됐습니다.

그렇다면 화폐는 처음부터 지금처럼 종이돈이었을까요? 아닙니다. 처음에 조개껍질이나 쌀 등을 화폐처럼 사용했습니다. 만약에 그릇이 필요하면 그릇 장인에게 가서 조개껍질 10개를 주고 물건을 가져왔지요. 그릇 장인도 옷이 필요하면 옷 장인에게 가서 조개껍질 5개를 주고 옷을 가져왔습니다. 장인들은 조개껍질이나 쌀을 모아 두고 필요할 때 물건을 교환해 올 수 있었습니다. 즉 화폐 역할을 하는 조개껍질, 쌀을 쓰며 물건을 사거나 팔 수 있었지요. 하지만 조개껍질은 쉽게 깨지고 쌀은 들고 다니기가 너무 무거웠습니다.

사람들은 쉽게 상하지 않고 들고 다니기에 편한 화폐를 궁리하기 시작했습니다. 그 결과, 고려 시대부터 철로 동전을 만들어서 물건을 사거나 팔 때 쓰기 시작했습니다. 고려 왕조는 '해동통보'를 만들어 시장에서 물건을 사고팔 때 쓰도록 했습니다. 사람들은 물물교환도 하고 동전을 사용하며 시장에서 거래를 했습니다. 그러다 조선 시대에 이르러 점차 물물교환은 사라집니다. 나라에서 돈으로 시장에서 거래하도록 적극적으로 장려했기 때문입니다. 조선 시대에 사용했던 화폐로는 대표적으로 '상평통보'가 있습니다.

우리는 흔히 옛날 사람들이 쓰는 돈을 '엽전'이라고 말합니다. 엽전은 고려 시대와 조선 시대에 쓰던 동전을 부르는 말입니다. 해동통보와 상평통보 모두 엽전인 셈입니다. 엽전을 쓰면서 옛날 사람들은 서서히 농사일만 하는 사회에서 물건을 사고팔며 돈을 버는 상업이 발달하는 사회로 나아갑니다.

두두야. 잘 봐, 이 낱말들을 알면 더 쉽게 이해돼!

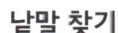 낱말 찾기

- ★ **맞바꾸다** : 어떤 것을 주고 다른 것을 받다.
- ★ **교환하다** : 서로 바꾸다.
- ★ **값어치** : 일정한 값에 해당하는 가치.
- ★ **방법** : 어떤 일을 해내기 위해 사용하는 수단이나 방식.
- ★ **등** : 等(무리 등), 그 밖에도 이와 같은 종류의 것이 더 있음을 나타내는 말.
- ★ **즉:** 卽(곧 즉), 다시 말해.
- ★ **역할** : 자기가 해내야 할 즈책이나 임무.
- ★ **궁리하다** : 마음속으로 이리저리 따져 깊이 생각하다.
- ★ **결과** : 어떤 원인으로 생긴 결말.
- ★ **고려** : 918년 왕건이 한반도를 통일해 세운 나라.
- ★ **시장** : 여러 상품을 사고파는 일정 장소.
- ★ **거래** : 무언가를 주고받거나 사고팔다.
- ★ **점차** : 차례에 따라 조금씩.
- ★ **적극적으로** : 긍정적이고 능동즈인 태도로.
- ★ **장려하다** : 좋은 일에 힘쓰도록 북돋워 주다.
- ★ **상업** : 상품을 사고팔며 이익을 얻는 일.

 두두에게 이 낱말을 설명해 주세요.

두두야, **거래**라는 말은

오, 근데 잠깐만!
인간, '거래'라는 말은 무슨 뜻이라고 했지?

 글을 잘 읽고 이해했는지 확인해 봅시다!
문제를 풀며 글을 한 번 더 찬찬히 읽어 보세요!

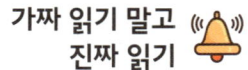 가짜 읽기 말고 진짜 읽기

1. 다음 중 화폐가 생겨난 이유로 알맞지 않은 것은 무엇일까요?
   ① 상대방이 내 물건을 원하지 않으면 거래할 수 없어서
   ② 물건끼리의 값어치가 비슷하지 않아 교환이 힘들어서
   ③ 물건은 상하기 쉬워 나중에 거래로 쓰기 어려워서
   ④ 물물교환이 더 이상 이루어지지 않아서

2. 이 글에서 이야기한 화폐로 쓰이지 않은 것은 무엇이 있을까요?
   ① 쌀   ② 나뭇잎
   ③ 조개껍질   ④ 동전

3. 옛날 사람들이 쓴 여러 화폐에 대해 다음 빈칸을 채워 넣으세요.

   옛날 사람들은 _____ 을 화폐처럼 쓰다가 상하지 않고 들고 다니기 편한 화폐를 궁리했습니다. 고려 시대 때는 _____ 를 만들어 시장에서 썼고, 조선 시대에는 _____ 를 만들었습니다.

 한줄 글쓰기!

우리가 쓰는 화폐는 무엇이 있을까요? 우리나라의 화폐를 소개해 주세요.

시장이 번성하고, 상인들이 늘어났습니다

　농사 기술이 좋아지면서 식량을 충분히 만들 수 있자 농사일 말고도 다른 일을 하는 사람들이 생겨났어요. 이른바 장인들이 등장한 것입니다. 장인들은 물건을 전문적으로 만드는 일을 하는 사람들입니다. 이들은 간단한 도구를 써서 직접 물건을 만들어 냈습니다. 이렇게 손으로 물건을 만들어 내는 일을 '수공업(手工業)'이라고 합니다. 수공업을 하는 사람들이 늘어나면서 일은 더욱 다양해졌습니다. 여러 가지 일이 생겨나자 단조롭고 비슷비슷하게 살아가던 사람들의 생활이 각기 달라지기 시작했습니다.

　사람들은 물건을 필요할 때마다 직접 만들어 쓰기보다는 장인에게서 물건을 교환해서 얻는 것이 더욱 편하다는 것을 알았습니다. 그래서 생활에 필요한 물건을 얻기 위해 장인을 찾아갔습니다. 그런데 물건이 필요할 때마다 장인에게 가는 건 어려운 일이었습니다. 지금처럼 길이 많은 것도 아니고, 빠르게 이동하는 수단도 없었기 때문입니다. 필요한 물건을 만드는 장인이 어디에 있는지에 대한 소식을 알기도 쉽지 않았습니다. 물건을 사기 위해 산을 넘고 강을 건너가도 마침 장인이 그곳에 없으면 허탕이었습니다. 그래서 사람들은 시간을 정하고 한 장소에서 모두 만나 물건을 거래하기로 했습니다. 이렇게 해서 시장이 탄생한 것입니다.

　시장은 각지에 사는 사람들이 다양한 물건을 가지고 모여드는 장소입니다. 시장이 열리는 장터에 사람들은 모여서 여러 가지 물건을 사고 또 팔았습니다. 시장에서 여러 사람들이 흥정을 하며 물건 값을 정하다 보니 자연스럽게 물건의 값어치가 정해졌습니다.

사람들은 시장에서 생산한 곡물이나 물건을 팔아 돈을 벌었습니다. 또 필요한 물건을 시장에서 구매하며 돈을 소비했습니다. 시장이 생기자 이전보다 물건을 사고파는 거래가 더욱 많아졌습니다. 시장이 경제 활동의 본거지가 된 것입니다.

또 시장에서 경제 활동만 이루어진 건 아닙니다. 사람들은 시장에서 이전에는 접해 보지 못한 물건을 보고 새로운 소식을 들을 수 있었습니다. 각지에서 사람들이 모여들다 보니 새로운 소식을 듣고, 세상이 흘러가는 이야기도 알게 되었습니다. 자연스럽게 사람들은 더 넓은 세상, 더 다양한 사회에 관심을 갖게 되었습니다. 여러 사람들이 시장에서 만나 서로 협력하는 일도 잦아졌습니다. 마을과 마을도 더 잘 교류하게 되었습니다.

시장이 생기자 물건을 파는 상인들이 더욱 활발하게 활동했습니다. 상인들은 시장에서 어떤 물건들을 팔았을까요? 포목점은 다양한 옷감을 파는 상점입니다. 오늘날의 옷 가게와 비슷합니다. 무명, 비단과 같은 천을 사려면 포목점을 가야 했습니다. 싸전은 쌀과 보리, 콩, 팥 같은 곡식을 파는 가게입니다. 지금은 마트나 쌀가게에서 곡물을 살 수 있지요. 생선과 김, 미역을 파는 상점은 어물전이라고 했습니다. '어물전 망신은 꼴뚜기가 시킨다'란 속담에 나오는 그 어물전을 말합니다. 오늘날의 생선 가게입니다.

옛날에는 매일 시장이 있는 게 아니고 5일이나 3일에 한 번씩 장터가 열렸습니다. 이렇게 5일마다 여는 시장을 '오일장'이라고 하고 3일마다 여는 시장을 '삼일장'이라고 합니다. 장이 서는 날은 '장날'이라고 했습니다. '가는 날이 장날'이라는 속담 속 장날은 바로 장이 열리는 날을 말합니다.

 두두야. 잘 봐,
이 낱말들을 알면 더 쉽게 이해돼!

낱말 찾기

- ★ **단조롭다** : 단순하고 변화가 없다.
- ★ **비슷비슷하다** : 여럿이 거의 다 같다.
- ★ **복잡하다** : 갈피를 잡기가 어려울 만큼 여러 가지가 얽혀 있다.
- ★ **수단** : 어떤 목적을 이루기 위한 방법, 도구.
- ★ **소식** : 멀리 떨어져 있는 사람의 사정을 알리는 글이나 말.
- ★ **허탕** : 아무 소득 없이 일을 끝냄.
- ★ **각지** : 여러 곳. 각 지방.
- ★ **장터** : 장이 서는 터.
- ★ **흥정** : 물건을 사고 팔기 위해 가격이나 품질 따위를 의논함.
- ★ **본거지** : 활동의 근거로 삼는 곳.
- ★ **상점** : 일정한 시설을 갖추고 물건을 파는 곳.
- ★ **오늘날** : 지금의 시대.
- ★ **천** : 실로 짜서 만든 물건.

 두두에게 이 낱말을 설명해 주세요.

두두야, **흥정**이라는 말은

오, 근데 잠깐만!
인간, '흥정'이라는 말은 무슨 뜻이라고 했지?

 글을 잘 읽고 이해했는지 확인해 봅시다!
문제를 풀며 글을 한 번 더 찬찬히 읽어 보세요!

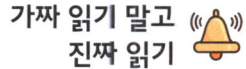 가짜 읽기 말고
진짜 읽기

1. 이 글에서 알 수 있는 내용 중 알맞지 않은 부분은 무엇일까요?
   ① 장인이 등장하면서 수공업이 발달했다.
   ② 사람들은 물건이 필요할 때마다 장인을 찾아야 했다.
   ③ 시장에서는 경제 활동만 이루어졌다.
   ④ 5일장은 5일마다 열리는 시장이다.

2. 다음 문장을 읽고 (괄호) 안에서 알맞은 쪽을 선택해 주세요.
   가. (장인 / 상인)은 물건을 전문적으로 만들어 내는 사람입니다.
   나. 시장에서 사람들이 (흥정 / 구입)을 하면서 물건의 값어치가 정해졌습니다.
   다. 비단, 무명 같은 천을 사려면 (포목점 / 비단점)에 가야 합니다.
   라. 쌀, 곡식을 사려면 (어물전 / 싸전)을 찾아가야 합니다.

3. 옛날 사람들은 시장에서 어떤 활동을 했는지 다음 빈칸을 채워 넣으세요.

   　　　　　을 하는 사람들이 늘어나면서 사람들은 장인을 일일이 찾아가기보다는 시장에서 물건을 　　　　 하기로 했습니다. 경제 활동의 　　　　 가 된 시장에서 사람들은 새로운 소식을 듣고 더 많은 사람들과 교류했습니다.

한줄 글쓰기!

시장에 가면 가장 먼저 사고 싶은 물건이 무엇인가요? 그 이유를 함께 소개해 주세요.

사회 배경 지식을 쌓는 이야기 16

교통과 통신 수단이 발달하며 더 넓은 세계로 나아갑니다

옛날 사람들은 각자 터를 잡은 곳에서 농사를 짓고 고기를 잡으며 살았습니다. 필요한 것을 직접 만들어 쓰다가 장인들이 나타나고 시장이 열리며 물건을 사서 쓰게 되었어요. 그렇게 사람들은 점점 다른 사람들과 교류하게 되었지만 먼 곳에 사는 사람들이 어떻게 사는지까지는 잘 알지 못했습니다. 옛날에는 지금처럼 전화도 없었고 인터넷도 없었거든요. 먼 곳에서 일어난 소식을 전해 들을 방법이 별로 없었습니다.

또한 먼 곳에 직접 가기도 쉽지 않았습니다. 어딘가를 가려면 직접 걸어가거나 말을 타고 가야 했습니다. 강을 건너려면 나무로 만든 뗏목이나 나룻배를 타고 이동해야 했습니다. 양반처럼 신분이 높은 사람들은 사람들이 들고 가는 '가마'를 타고 이동했습니다.

옛날에는 주로 자연에서 얻는 재료로 이동 수단을 만들고 사람이나 가축의 힘으로 이동해야 했기 때문에 빠르게 갈 수 없었습니다. 게다가 우리나라는 산과 강이 많아 걸어서 다니기도 힘들고, 말이나 소를 구하기도 쉽지 않았습니다. 비나 눈이라도 오면 이동하다 꼼짝없이 맞아야 했지요. 험한 산세를 걸어가다 산짐승이나 산적을 만날 위험도 컸습니다.

이렇게 교통수단과 통신 수단이 별로 없었던 옛날에 사람들은 주로 자기 마을에 머물며 작은 세상만 알고 살아갔습니다. 그러다 다른 곳에 사는 사람들의 소식도

들고, 나라 바깥에 있는 더 넓은 세상에 대해서도 알 수 있게 되었습니다. 교통과 소식을 전하는 통신 수단이 좋아졌기 때문입니다.

먼저 교통을 살펴보겠습니다. 바퀴를 단 수레를 가축이 끌게 하면서 많은 물건을 싣고 이동할 수 있었습니다. 나라에서는 사람들이 잘 다닐 수 있도록 도로를 만드는 일에 힘을 썼습니다. 사람들이 다닐 수 있는 큰 길들이 많아지면서 사람들은 전보다 더 안전하고 수월하게 이동할 수 있었습니다.

바다나 강을 통한 물길도 더욱 좋아졌습니다. 강가나 바다에는 포구를 만들어 배가 잘 드나들게 했습니다. 많은 사람들이 드나들고 물건도 많이 들여오게 되니, 시장이 더욱 커지고 다른 나라의 문물도 들어올 수 있었습니다.

통신은 어떨까요? 온 나라에 '역참'이라는 통신 기관을 두어 먼 곳까지 중요한 소식을 전달하는 일을 했습니다. 소식을 전하는 사람이 말을 타고 역참에 갔습니다. 역참에는 '역마'라는 말이 항상 준비되어 있었는데, 달리느라 지친 말 대신에 역마로 바꾸어 타서 다음 역참까지 갔습니다. 지금으로 치면 역마가 바로 버스이고 역참이 버스 정거장인 셈입니다. 매번 역참에서 말을 바꾸어 타며 먼 곳까지 가서 소식을 전했습니다. 빠르게 소식을 전하는 '파발'이라는 기관도 운영하였습니다.

또한 사람이 직접 가지 않고도 소식을 전달하는 통신 수단도 있었습니다. 대표적으로 밤에 횃불을 밝히고 낮에는 연기를 피워 군사 신호를 보내는 봉수가 있습니다. 바다에서 연을 날려 신호를 보내는 신호연 또한 이와 같은 통신 수단입니다.

이렇게 교통과 통신이 발달하자 사회도 비약적으로 발전합니다. 사람들의 이동이 더욱 많아지고, 소식을 더 멀리까지 빠르게 전해지면서 사람들의 생각과 세계도 넓어졌습니다. 마을에서 벗어나 더 넓은 범위로 나아갑니다. 그렇게 해서 생겨난 물건이 있습니다. 바로 지도입니다.

교통이 발달하고 통신 기관이 만들어지면서 사람들은 더 큰 사회로 나아가게 되었습니다.

 두두야. 잘 봐,
이 낱말들을 알면 더 쉽게 이해돼!

낱말 찾기

- ★ **활발하다** : 생기 있고 힘차다.
- ★ **뗏목** : 통나무를 가지런히 엮어 물에 띄운 것. 물건이나 사람을 운반하기 위해 사용한다.
- ★ **산세** : 산이 생긴 모양.
- ★ **산적** : 산에서 도둑질을 하는 도둑.
- ★ **주로** : 기본으로 삼거나 중심이 되게.
- ★ **세상** : 사람이 살고 있는 모든 사회.
- ★ **교통** : 이동 수단으로 사람이 오고 가거나, 짐을 실어 나르는 일.
- ★ **도로** : 사람이나 차가 잘 다닐 수 있도록 만든 비교적 넓은 길.
- ★ **수레** : 바퀴를 달아 굴러가게 만든 기구.
- ★ **포구** : 배가 드나드는 곳.
- ★ **드나들다** : 어떤 곳에 많은 것이 들어가고 나오고 하다.
- ★ **문물** : 文物(글월 문, 물건 물), 문화의 산물. 문화와 관련된 모든 것을 통틀어 이르는 말.
- ★ **통신 기관** : 소식을 전하는 기관. (오늘날)우편이나 전신, 전화 따위로 정보를 전달하는 기관.
- ★ **도맡다** : 책임지고 모든 것을 홀로 해내다.
- ★ **운영하다** : 조직이나 사업체를 관리하고 꾸려 나가다.
- ★ **비약적으로** : 갑자기 빠른 속도로 좋아지다.
- ★ **범위** : 일정하게 한정된 영역.

 오, 근데 잠깐만!
인간, '문물'이라는 달은 무슨 뜻이라고 했지?

 두두에게 이 낱말을 설명해 주세요.

두두야, **문물**이라는 말은

 글을 잘 읽고 이해했는지 확인해 봅시다!
문제를 풀며 글을 한 번 더 찬찬히 읽어 보세요!

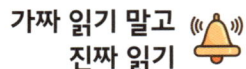 가짜 읽기 말고 진짜 읽기

1. 이 글에서 알 수 있는 내용 중 알맞지 않은 부분은 무엇일까요?

   ① 주로 자연에서 나는 재료들로 이동 수단을 만들었다.

   ② 역참에는 '역마'라는 소가 항상 준비되어 있었다.

   ③ 역참은 통신 기관이다.

   ④ 교통과 통신이 발달하자 사회도 발달했다.

2. 옛날 사람들이 이동 수단 중 다음 설명에 맞는 것은 무엇일까요?

   > 조그마한 집 모양의 탈 것으로 주로 신분이 높은 사람들이 그 안에 들어가 탔습니다. 두 명 혹은 네 명의 사람들이 이것을 들거나 메고 걸어갔습니다.

   ① 수레   ② 나룻배
   ③ 역마   ④ 가마

3. 옛날의 교통에 대해 다음 빈칸을 채워 넣으세요.

   옛날 사람들은 사람들이 잘 다닐 수 있도록 _____를 만들고 가축이 끄는 _____에 많은 물건을 싣고 이동했습니다. 또 _____이라는 통신 기관을 두어 중요한 소식을 멀리까지 전달했습니다.

 한줄 글쓰기!

옛날 사람들에게 전해 주고 싶은 지금 교통수단이 있다면 무엇인가요?
그 이유를 함께 소개해 주세요.

지도를 보며 세상을 헤아립니다

사회 배경
지식을 쌓는
이야기
17

지도는 지구의 지리 공간을 줄여서 일정한 기호와 형식에 따라 그림으로 표현한 것을 말합니다. 우리는 우리가 사는 공간의 크기와 모양을 직접 눈으로 볼 수 없습니다. 우리 눈으로 전부 보기에는 지리 공간이 매우 넓고 크기 때문입니다. 그래서 지리 공간을 일정한 비율로 줄여서 우리가 한눈에 파악할 수 있도록 만든 그림이 바로 지도입니다.

문단 ❶

우리는 주변에서 손쉽게 지도를 찾아볼 수 있습니다. 대표적인 예로 우리나라 전체를 그린 우리나라 전국 지도가 있고, 전 세계를 그린 세계 지도가 있습니다. 지도를 보면 가 보지 않은 지역에 대한 정보와 위치, 지식을 손쉽게 얻을 수 있습니다.

문단 ❷

하지만 옛날에는 이렇게 정확한 지도가 없었습니다. 지금이야 인공위성과 같은 과학 기술로 지도를 만드는 데 필요한 정보를 얻을 수 있습니다. 하지만 옛날에는 오로지 사람이 직접 돌아다니며 지리 정보를 일일이 모아 지도를 만들어야 했기 때문입니다. 그래도 우리 조상들은 많은 노력을 기울여서 직접 지도를 만들고, 미지의 세상을 헤아리기 위해 애썼답니다.

문단 ❸

삼국 시대, 고려 시대에도 지도를 썼다는 기록이 있지만 현재 전해지는 지도는 없습니다. 조선 시대에는 우리나라 최초이자 동양에서 가장 오래된 세계 지도인 '혼일강리역대극도지도'(1402년)가 제작되었습니다. 직접 답사해서 모든 정보를 얻어야 했던 시절이어서 당시 만든 지도는 지금의 세계 지도와는 차이가 있습

문단 ❹

문단 ❹ 니다. 그 후 거리를 재는 기술이 점점 좋아지면서 지도를 더 정확하게 만들게 됩니다. 그로부터 450여 년이 흐른 후 김정호가 우리나라 전국 지도인 '대동여지도'(1861년)를 제작합니다. '대동여지도'는 지금의 지도와 큰 차이가 없을 정도로 정교하게 만든 지도입니다.

문단 ❺ 지도에는 어떤 것이 담겨 있을까요? 지도에는 국토를 나타낸 그림이 들어 있습니다. 또한 실제 지역을 축소시켜 종이에 그려야 하므로 얼마나 축소시켰는지에 대한 정보가 담겨야 합니다. 이것을 '축척(縮尺)'이라고 해요. 만일 축척이 1:100,000이라면 실제 거리가 1km(10만cm)일 때 이것을 지도에서는 1cm로 줄여 그립니다. 또 방향을 나타내는 방위도 표시해야 합니다. 지도에서 어디가 북쪽인지, 동쪽인지, 서쪽인지, 남쪽인지를 알 수 있도록 지도에 표시해 둡니다. 지도는 아주 넓은 실제 공간을 작은 그림으로 그리는 것이기 때문에 지리 정보를 간략하게 전달해야 합니다. 그래서 기호를 써서 많은 지리 정보를 표시합니다. 다양한 기호들로 산과 강, 들, 중심지, 도로 등을 표시합니다.

문단 ❻ 지도를 보면서 사람들은 더 넓은 세상으로 나아갑니다. 배를 타고 탐험하기도 하고, 다른 나라에 가서 낯선 문물을 접하기도 합니다. 사람들은 교류를 통해 경험을 전파하면서 사회를 한층 더 발전시킵니다.

 두두야. 잘 봐,
이 낱말들을 알면 더 쉽게 이해돼!

낱말 찾기

- ★ **지리** : 어떤 곳의 지형이나 길 따위의 형편.
- ★ **기호** : 어떤 정보를 전하기 위해 쓰는 부호, 문자, 그림 따위를 통틀어 이르는 말.
- ★ **형식** : 사물의 외부로 나타나 보이는 모양.
- ★ **비율** : 둘을 서로 비교하여 수나 양이 몇 배인가를 나타내는 관계.
- ★ **파악하다** : 내용을 확실하게 이해해 알다.
- ★ **전국** : 온 나라.
- ★ **정보** : 관찰이나 측정을 해서 얻은 지식과 자료.
- ★ **지식** : 배우거나 실천해서 알아낸 것, 그 이해.
- ★ **정확하다** : 바르고 확실하다.
- ★ **인공위성** : 행성의 둘레를 돌도록 로켓으로 쏘아 올린 인공의 장치.
- ★ **미지** : 아직 알지 못함.
- ★ **헤아리다** : 미루어 생각하다.
- ★ **제작하다** : 재료를 가지고 새로운 것을 만들다.
- ★ **답사** : 현장에 가서 직접 보고 조사함.
- ★ **시절** : 일정한 시기나 때.
- ★ **정교** : 솜씨나 기술이 정밀하고 교묘하다.
- ★ **축소** : 모양이나 규모 따위를 줄여서 작게 함.
- ★ **간략하다** : 간단하고 짤막하다.
- ★ **탐험** : 위험을 무릅쓰고 어떤 곳을 직접 가서 살피고 조사함.
- ★ **전파** : 전하여 널리 퍼뜨림.
- ★ **한층** : 한 단계 더.

오, 근데 잠깐만!
인간, '헤아리다'라는 말은 무슨 뜻이라고 했지?

 두두에게 이 낱말을 설명해 주세요.

두두야, **헤아리다**라는 말은

 글을 잘 읽고 이해했는지 확인해 봅시다!
문제를 풀며 글을 한 번 더 찬찬히 읽어 보세요!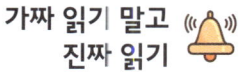

1. 이 글에서 알 수 있는 내용 중 알맞지 않은 부분은 무엇일까요?
   ① 지도는 여러 종류가 있다.
   ② 옛날에도 지금처럼 정확한 자료로 지도를 만들었다.
   ③ 대동여지도는 우리나라 전국 지도다.
   ④ 지도는 방위를 표시하고 기호로 정보를 전달한다.

2. 문단은 긴 글을 내용에 따라 나눈 이야기 토막을 말합니다. 이 글에서 4번째 문단의 제목을 붙인다면 알맞은 것은 무엇일까요?
   ① 우리나라의 지도 역사   ② 지도를 만드는 조건
   ③ 지도의 종류   ④ 우리나라의 대표 옛 지도

3. 지도에 대해 다음 빈칸을 채워 넣으세요.

   지도는 지리 공간을 일정한 _____로 줄여서 기호나 형식에 따라 그림으로 표현한 것입니다. 지도를 보며 우리는 가보지 않은 지역에 대한 _____을 얻을 수 있습니다. 옛날 사람들도 지도를 만들었는데 대표적으로 김정호가 만든 우리나라 전국 지도인 _____가 있습니다.

 한줄 글쓰기!

지도를 보고 여행을 가 보고 싶은 지역은 어디인가요? 그 이유를 함께 소개해 주세요.

옛날 사람들은 어떻게 평생을 살았을까요? 사계절을 어떻게 보냈을까요? 지금처럼 다양한 시설과 기술이 없었을 그 옛날, 사람들의 생활은 어떠했을지 한번 살펴보아요.

4장

옛날 사람들의 생활 모습을 살펴보아요

사회 배경 지식을 쌓는 이야기 18

옛날 사람들은 무엇을 입고 살았을까요?

　인간이 살아가기 위해서는 반드시 필요한 것이 세 가지 있어요. 바로 집, 옷, 식량입니다. 인간이 자연에서 살다가 사회를 이루면서 다른 동물과 달라진 점이 있다면 바로 이 세 가지를 꼽을 수 있습니다. 이 세 가지 중 하나라도 빠진다면 인간다운 삶을 살 수 없습니다. 인간 생활에 꼭 필요한 이 세 가지를 한자어로 표현해 '의식주(衣食住)'라고 합니다. 의식주가 어떤 기능을 하기에 인간 생활에 꼭 필요한 요소라고 하는 걸까요?

　먼저 의식주의 첫 번째로 등장하는 의를 살펴보겠습니다. 의는 한자어로 '衣(옷 의)'이며 '옷'을 뜻합니다. 옷은 추위와 햇빛, 다양한 위험으로부터 인간의 신체를 보호하는 역할을 합니다. 또한 사회적 지위나 취향을 나타내는 수단으로도 쓰입니다.

　지금은 다양한 소재로 옷을 만들지만, 옛날에는 옷을 만드는 재료를 모두 자연에서 직접 얻었습니다. 선사 시대에는 동물의 가죽을 무두질해서 옷으로 입기 시작했습니다. 뼈바늘로 가죽을 이어서 몸에 걸쳐 입었습니다. 고조선 시대에는 양털, 개털 같은 동물의 털을 가지고 직물을 만들어 썼습니다. 또한 누에나방의 유충인 누에를 쳐서 고치에서 실을 얻었습니다. 누에로 만든 비단옷은 옷감이 매우 부드럽고 만드는 과정이 까다로워서 주로 양반들이 입었습니다. 목화 역시 실과 솜을 만드는 재료가 되었습니다. 모시풀, 삼베와 같은 식물의 줄기도 실을 뽑는 재료로 쓰였습니다. 우리나라의 기후와 자연환경이 삼베를 기르기에 알맞아 옛날 사람들은 옷의 재료로 많이 사용했습니다.

실을 만들고 옷감을 직접 짜서 옷을 짓는 모든 활동을 '길쌈'이라고 합니다. 주로 여인들이 집에서 삼, 누에, 목화를 가지고 베틀로 실을 짜서 옷감을 만들었습니다. 길쌈은 매우 일이 많고, 과정이 복잡하기 때문에 여인들은 혼자서 일하지 않고 한데 모여 길쌈을 하면서 이야기를 나누고 노래도 부르며 일했습니다. 이것을 '길쌈 놀이'라고 합니다. 이렇게 즐겁게 놀면서 길쌈을 하면 힘든 것도 잊고 재미있게 일을 할 수 있었습니다. 집에서 일일이 만든 옷감은 직접 입기도 하고, 시장에 나다 팔기도 했습니다.

우리 조상들이 대로부터 입은 옷을 '한복'이라고 합니다. 남자는 저고리와 바지를 입었습니다. 바지는 대님과 허리끈으로 허리와 발목 부분을 둥여맸습니다. 여자는 치마와 저고리, 장옷을 입었습니다.

여름에는 바람이 잘 통하고 몸에 들러붙지 않는 모시와 삼베로 옷을 지어 입었습니다. 겨울에는 목화로 뽑은 옷감인 무명이나 누에로 만든 비단으로 옷을 만들었습니다. 추위를 막기 위해 저고리 위에 겹쳐 입는 덧옷으로 마고자와 두루마기를 입었습니다. 저고리 위에 조끼처럼 생긴 배자도 입었습니다.

발을 보호하기 위해서 버선을 신고 신발을 신었습니다. 서민들은 짚을 꼬아 만든 짚신을 주로 신었습니다. 나무를 깎아 만든 나막신도 있었습니다. 양반들이 신는 신발로 태사혜, 당혜가 있었습니다.

또한 우리나라 사람들은 흰색 무명옷, 삼베옷 등을 자주 입었습니다. 흰색 옷을 즐겨 입어서 우리 민족을 '백의민족(白衣民族)'이라고 불렀습니다.

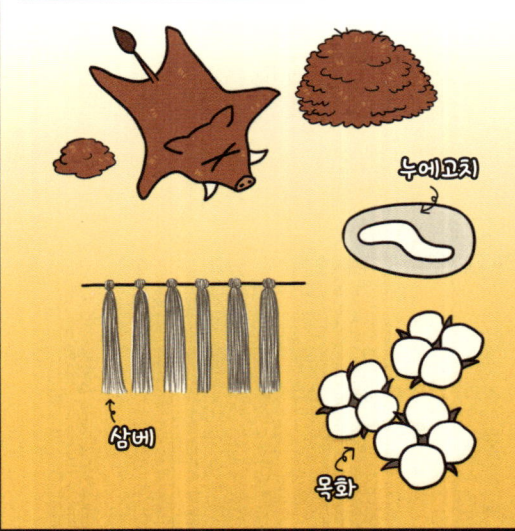

 두두야. 잘 봐,
이 낱말들을 알면 더 쉽게 이해돼!

낱말 찾기

- ★ **기능** : 어떠한 구실이나 작용을 함.
- ★ **요소** : 어떤 일이 가능해지려면 꼭 있어야 하는 성분, 혹은 근본 조건.
- ★ **지위** : 한 사람의 신분에 따른 위치나 자리.
- ★ **취향** : 하고 싶거나 좋아하는 방향이나 경향.
- ★ **수단** : 어떤 목적을 이루기 위한 도구, 혹은 방법.
- ★ **소재** : 어떤 것을 만드는 재료.
- ★ **무두질하다** : 생가죽, 실 따위를 매만져서 부드럽게 만들다.
- ★ **유충** : 알에서 나온 후 아직 다 자라지 않은 벌레.
- ★ **길쌈** : 실을 내어 옷감을 짜는 모든 일을 말함.
- ★ **베틀** : 삼베, 명주 같은 천을 짜는 틀.
- ★ **공동으로** : 둘 이상의 사람이나 단체가 함께 하는.
- ★ **동여매다** : 끈이나 실 따위로 두르거나 감아서 매다.
- ★ **서민** : 권력 기관에 있지 않고, 신분의 특권이 없는 일반 사람.
- ★ **양반** : 고려, 조선 시대에 지배층을 이루던 신분.

오, 근데 잠깐만!
인간, '길쌈'이라는 말은 무슨 뜻이라고 했지?

 두두에게 이 낱말을 설명해 주세요.

두두야, **길쌈**이라는 말은

 글을 잘 읽고 이해했는지 확인해 봅시다!
문제를 풀며 글을 한 번 더 찬찬히 읽어 보세요!

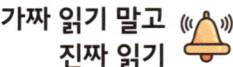 가짜 읽기 말고 진짜 읽기

1. 이 글에서 알 수 있는 내용 중 알맞지 않은 부분은 무엇일까요?

   ① 옷은 신체를 보호하며 취향과 사회적 지위를 나타낸다.

   ② 여인들은 함께 모여 노래를 부르며 베틀로 옷감을 짰다.

   ③ 비단옷은 옷감이 부드러워 누구나 즐겨 입었다.

   ④ 추울 때 겹쳐 입는 덧옷으로 마고자와 두루마기가 있다.

2. 이 글에서 이야기한 옷감 재료로 쓰이지 않은 것은 무엇일까요?

   ① 누에고치   ② 삼베 줄기

   ③ 목화 솜털   ④ 모시 뿌리

3. 옛날 사람들의 의복 생활에 대해 다음 빈칸을 채워 넣으세요.

   옛날에는 옷감을 짜서 옷을 직접 지어 입었습니다. 여러 여인들이 한데 모여 옷을 만드는 활동을 _____ 이라고 합니다. 이렇게 만든 우리나라의 전통 옷을 _____ 이라고 하며, 우리 조상들은 주로 흰색 옷을 즐겨 입어 _____ 이라고 불리었습니다.

 한줄 글쓰기!

우리나라의 전통 의상인 한복은 어떤 매력을 지녔는지 소개해 주세요.

옛날 사람들은 어떤 집에서 살았을까요?

의식주 가운데 '주'는 한자로 '住(살 주)'로, 우리가 사는 '집'을 뜻하는 말입니다. 우리는 바깥에서 활동한 뒤 집으로 돌아와 편히 쉬고 밥을 먹고 잠을 잡니다. 만일 집이 없다면 이 기본적인 생활을 하기 어렵습니다. 입는 것은 물론 먹는 것도 제대로 해낼 수 없습니다. 옷이나 식량을 가지고 있을 공간이 있어야 하기 때문입니다. 그렇기 때문에 집은 인간의 생활에 꼭 필요한 기본 요소입니다.

인간들이 제일 처음 산 곳은 어디였을까요? 바로 동굴입니다. 아주 오래전 인간들은 자연에서 머물 곳을 찾아 거기에서 생활했습니다. 주로 동굴이나 바위 사이의 공간에서 지냈지요. 그러다 점점 재료를 찾아 살 곳을 손수 만들어서 머물렀습니다.

신석기 시대 사람들은 땅을 파고 그 위에 풀이나 짚으로 만든 지붕을 씌워 집을 만들었습니다. 이러한 집을 움집이라고 합니다. 우리 조상들은 삼국 시대까지 목조 주택과 함께 움집을 짓고 살아갔습니다. 그러나 사방이 지붕으로 둘러싸인 움집은 통풍이 되지 않아 생활하기에 불편함이 많았습니다.

집을 짓는 도구가 더 좋아지고 건축 기술이 늘면서 집은 더욱 살기 좋은 형태로 변했습니다. 사람들은 기둥을 세우고 벽을 만들어서 집을 지었습니다. 땅을 파고 지붕을 씌운 움집에서 땅 위에 기둥을 세우고 벽에 생긴 집으로 발전한 것입니다.

우리나라의 전통 가옥을 '한옥'이라고 하는데, 대표적으로 초가집과 기와집이 있습니다. 초가집은 나무로 기둥을 세우고 흙으로 벽을 만든 뒤 지붕을 볏짚이나 갈대, 풀 같은 식물로 덮은 집을 말합니다. 집 안의 따뜻한 공기가 빠져나가지 않도록 초가지붕이 잘 막아 줍니다. 초가집의 재료가 되는 흙이나 볏짚은 일상에서 쉽게 구할 수 있는 재료여서 많은 백성들이 초가집을 짓고 살았습니다. 그러나 초가집의 지붕은 식물로 만들어서 벌레가 잘 생기고 불이 나면 쉽게 탔습니다. 볏짚으로 만든 지붕은 매년 새로 바꿔서 지붕을 얹어야 하는 단점이 있습니다.

　이러한 단점을 해결한 집이 바로 기와집입니다. 기와는 점토를 틀에 넣고 구워서 만든 건축 재료입니다. 기와로 만든 지붕은 빗물이 스며들지 않는데다가 썩지 않고 단단해서 오랫동안 쓸 수 있습니다. 한 부분이 망가지면 그 부분의 기와만 새로 갈아 끼우면 되어서 수리하기에도 편했습니다. 다만 만드는 방법이 까다롭고 비싸서 일반 백성들이 손쉽게 구할 수는 없었습니다. 주로 녹봉을 많이 받는 양반들이 기와집을 짓고 살았습니다. 신분에 따라 기와에 유약을 발라 색깔을 입히기도 했습니다. 신분이 높을수록 화려한 기와지붕을 이었습니다.

　방은 온돌이라는 우리나라만의 독특한 난방 방식으로 바닥을 만들었습니다. 방바닥에 돌을 깔고 아궁이에 불을 지피어 돌을 뜨겁게 데워서 방바닥을 따뜻하게 만들었습니다. 이 바닥돌을 구들장이라고 부릅니다. 온돌방은 한번 데워지면 열기가 오랫동안 보존되어 겨울을 따뜻하게 날 수 있었습니다.

 두두야. 잘 봐,
이 낱말들을 알면 더 쉽게 이해돼! 낱말 찾기

- ★ **기본** : 사물이나 현상, 이론, 시설 따위를 이루는 바탕. 거기서 근본이 되는 것.
- ★ **기본적이다** : 사물이나 현상의 근본이나 기초가 되다.
- ★ **손수** : 제 손으로 직접.
- ★ **대체로** : 전체로 보아서. 일반적으로.
- ★ **건축** : 집이나 다리 따위의 구조물을 설계해서 흙이나 나무, 돌, 쇠 따위를 써서 만드는 일.
- ★ **일상** : 날마다 되풀이되는 생활.
- ★ **단점** : 잘못되고 모자란 점.
- ★ **수리하다** : 고장이 나거나 허름한 부분을 고치다.
- ★ **녹봉** : 옛날 관청에서 나랏일을 보는 사람들에게 나누어 주던 금품. 쌀, 보리, 명주, 베, 돈 따위가 있다.
- ★ **신분** : 개인이 사회에서 차지하는 위치나 계급.
- ★ **독특하다** : 특별하게 다르다.
- ★ **난방** : 건물 안의 온도를 높여 따뜻하게 만드는 일.
- ★ **보존하다** : 잘 보호하고 소중히 보관해 남기다.
- ★ **양반** : 고려, 조선 시대에 지배층을 이루던 신분.

 두두에게 이 낱말을 설명해 주세요.

두두야, **건축**이라는 말은

오, 근데 잠깐만!
인간, '건축'이라는 말은
무슨 뜻이라고 했지?

 글을 잘 읽고 이해했는지 확인해 봅시다!
문제를 풀며 글을 한 번 더 찬찬히 읽어 보세요!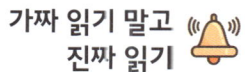

1. 다음 문장을 읽고 (괄호) 안에서 알맞은 쪽을 선택해 주세요.
    가. 움집은 (땅을 파고 / 벽을 세우고) 그 위에 풀이나 짚으로 만든 지붕을 덮어 만듭니다.
    나. 초가집과 기와집의 이름은 집의 (벽 / 지붕)의 재료를 뜻합니다.
    다. 온돌은 우리나라만의 (희한한 / 독특한) 난방 방식입니다.
    라. 기와집에는 주로 (양반 / 서민)들이 살았습니다.

2. 이 글에서 나온 인간의 집을 오래된 순서대로 나열한 것을 고르세요.
    ① 동굴-움집-초가집
    ② 초가집-움집-기와집
    ③ 바위 사이-초가집-움집
    ④ 움집-바위 사이-초가집

3. 우리나라의 전통 가옥에 대해 다음 빈칸을 채워 넣으세요.
    　　　　은 우리나라의 전통 가옥을 부르는 말입니다. 대표적으로 　　　　과 　　　　이 있습니다. 우리나라는 　　　　이라는 독특한 난방 방식으로 추운 겨울을 따뜻하게 보냈습니다.

 한줄 글쓰기!

한옥을 생각하면 어떤 느낌이 떠오르나요? 그 이유도 함께 소개해 주세요.

우리나라의 전통 음식은 무엇이 있을까요?

　의식주에서 마지막으로 '식'을 살펴보겠습니다. 식은 한자로 '食(먹을 식)'으로 '밥'을 뜻하며, 우리가 먹는 식량과 식생활을 말합니다. 인간은 물론 동물은 먹지 않으면 살아갈 수 없습니다. 음식을 먹어야 힘을 내고 움직일 수 있습니다. 음식이 충분하면 건강하게 생활할 수 있으며, 자손을 낳고 키우기에도 유리합니다. 인간이 지구에서 가장 강한 동물이 된 것은 바로 식량을 많이 만들 수 있었기 때문입니다.

　아주 오래전 인간은 자연에서 동물을 사냥하고, 열매를 주워 먹으며 살아왔습니다. 다른 동물과 다를 바 없이 수렵과 채집 활동으로 먹을 것을 얻었지요. 이 시기에 인간은 자연에서 채집한 만큼만 식량을 얻을 수 있었습니다. 사냥감이 잘 돌아다니지 않고, 열매가 없는 추운 겨울에는 식량을 많이 얻고 싶어도 그럴 수 없었지요.

　그러다 지금으로부터 약 1만 년 전에 인간은 농사를 짓기 시작했습니다. 농사를 하면서 인간은 자연에서 식량을 얻는 것보다 더 많은 식량을 만들 수 있었습니다. 자연스럽게 인간은 다른 동물보다 더 많이 살아남을 수 있었습니다. 농업 기술이 좋아지고, 가축도 키우면서 식량을 더 많이 만들었습니다. 도구를 사용하며 먹고 남는 식량은 저장하기도 했습니다. 다양한 그릇과 식기도 만들었습니다. 음식을 조리하는 기술과 음식을 먹는 예의범절도 생겨났습니다. 이렇게 인간의 식생활은 점점 발전해 나갔습니다.

　인간의 식생활은 어디에 사는지에 따라 다르게 발전해 나갔습니다. 음식을 만드는 재료가 지역의 자연환경이나 문화에 영향을 받기 때문입니다. 우리나라 사람들은 벼농사를 지으며 살았기 때문에 쌀을 주식으로 먹었습니다. 넓은 초원이 별로 없고 산지가 많아 목축업을 하기 어려운 환경이어서 고기보다는 채소를 주로 먹었습니다. 삼면이 바다로 둘러싸여 있어 물고기, 조개와 같은 어패류도 많이 먹었습니다.

옛날에는 교통수단이 발달하지 않아서 다른 지역에서 나는 재료를 구하기가 힘들었습니다. 사람들은 자신이 사는 지역에서 난 식재료들로 음식을 만들었습니다. 그것은 그 지역만의 독특하고도 고유한 식문화가 되었습니다. 바닷가 지역에서는 수산물로 만든 음식이 많이 있습니다. 산간 지방에는 산나물이나 밭작물로 만든 음식들이 많이 생겨났습니다.

우리나라 사람들은 주로 밥, 국, 반찬으로 밥상을 차려 먹습니다. 밥은 쌀을 익혀 만든 음식으로 한국인의 주식입니다. 국과 비슷한 것으로는 탕, 찌개가 있습니다. 반찬으로는 주로 밭이나 산에서 뜯은 나물을 먹었습니다. 김치는 우리나라의 대표적인 반찬입니다. 배추와 무를 절여서 양념하여 익혀 먹는 음식입니다. 초겨울에 김치를 많이 담가서 저장해 놓고 먹는 풍습이 있는데 이것을 '김장'이라고 합니다.

우리나라는 오늘날 여러 나라와 교류하면서 다른 나라의 음식들을 쉽게 접하지만 여전히 전통 식생활을 유지하고 있습니다. 우리는 지금도 밥, 국, 반찬을 한 끼 식사로 차려 먹고, 김치를 담가 먹습니다. 우리나라를 대표하는 전통 음식은 김치, 비빔밥, 갈비찜, 잡채, 떡, 한과 등이 있습니다.

123

 두두야. 잘 봐,
이 낱말들을 알면 더 쉽게 이해돼!

낱말 찾기

- ★ **식량** : 인간이 살아남기 위해 필요한 먹을거리.
- ★ **식생활** : 食生活(먹을 식, 날 생, 살 활), 먹는 일이나 음식에 관한 생활.
- ★ **식문화** : 식생활에 관한 문화.
- ★ **충분하다** : 모자라지 않고 넉넉하다.
- ★ **이익** : 물질적으로나 정신적으로 보탬이 되는 것.
- ★ **가축** : 집에서 기르는 짐승. 대표적으로 소, 닭, 돼지 등이 있다.
- ★ **예의범절** : 일상에서 갖추어야 할 모든 예의와 절차.
- ★ **발전하다** : 더 낫고 좋은 상태로 나아가다. 더 높은 단계로 올라가다.
- ★ **목축업** : 소나 돼지 따위의 가축을 많이 기르는 직업 혹은 사업.
- ★ **주식** : 끼니에 주로 먹는 음식.
- ★ **대표적이다** : 어떤 분야나 집단의 특징을 가장 잘 나타내어 대표로 삼을 만하다.
- ★ **고유하다** : 처음부터 가지고 있어 특별하다.
- ★ **수산물** : 바다나 강 같은 물에서 나는 것들.
- ★ **가공** : 원재료를 인공적으로 처리해 새로운 제품으로 만들거나 제품의 질을 높임.
- ★ **유지하다** : 어떤 상태나 상황을 변함없이 계속하다.

오, 근데 잠깐만!
민간, '고유하다'라는 말은 무슨 뜻이라고 했지?

 두두에게 이 낱말을 설명해 주세요.

두두야, **고유하다** 라는 말은

 글을 잘 읽고 이해했는지 확인해 봅시다!
문제를 풀며 글을 한 번 더 찬찬히 읽어 보세요!

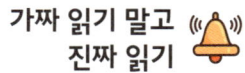 가짜 읽기 말고 진짜 읽기

1. 이 글에서 알 수 있는 내용 중 알맞지 않은 부분은 무엇일까요?

    ① 인간이 맨 처음 식량을 얻는 방식은 수렵과 채집이다.

    ② 인간은 약 10만 년 전에 농사를 지으면서 식량을 많이 만들었다.

    ③ 우리나라는 벼농사를 지으며 밥, 국, 반찬으로 상을 차렸다.

    ④ 우리나라는 지금도 전통 식생활을 유지하고 있다.

2. 다음 설명에 맞는 것은 무엇일까요?

    > 우리나라의 대표적인 반찬으로 배추와 무를 절여서 익혀 먹는 음식입니다. 초겨울에 많이 만들어서 저장해 놓고 먹는 풍습이 있습니다.

    ① 김밥　　　　　② 탕국
    ③ 김치　　　　　④ 한과

3. 우리나라의 전통 음식에 대해 다음 빈칸을 채워 넣으세요.

    우리나라 사람들은 _____ 이 주식입니다. 초겨울에 김치를 많이 담가 놓는 _____ 이라는 풍습이 있습니다. 우리나라는 지금도 전통 식생활을 유지하고 있는데, 대표적인 전통 음식은 _____ 가 있습니다.

 한줄 글쓰기!

여러분이 가장 좋아하는 우리나라 대표 음식은 무엇인가요?
그 이유도 함께 소개해 주세요.

우리나라의 세시 풍속은 어떤 것이 있을까요?

　세시 풍속은 무엇일까요? 한자어로 세시(歲時)는 '한 해'를 나타내는 말이고, 풍속(風俗)이란 '옛날부터 전해져 오는 생활 습관'을 말합니다. 다시 말해, 세시 풍속이란 일 년이라는 시간에 맞춰 옛날 사람들이 했던 다양한 생활 습관과 놀이 등을 일컫는 말입니다. 옛날 사람들은 주로 농사를 지으며 한 해를 보냈기 때문에 우리나라의 세시 풍속은 농사와 관련된 것들이 많았습니다.

　'설날'은 우리나라 최대의 명절로, 새해가 시작되는 음력 1월 1일을 말합니다. 설날에는 떡국을 끓여 먹고 차례상을 마련해 조상에게 올리며 새해 인사를 드렸습니다. 웃어른에게는 세배를 드리고 어른들은 덕담을 해 주는 풍습이 있습니다. 바닷가 지역에 사는 사람들은 한 해 동안 물고기가 많이 잡히게 해 달라고 기원하는 '풍어제'를 지내기도 했습니다.

　'대보름'은 음력 1월 15일에 지내는 명절입니다. 일 년이 새로 시작되고 맞는 첫 보름인 날이지요. 옛날 사람들은 보름달을 매우 좋은 의미를 담아 바라보았습니다. 보름달은 풍요로움을 상징하고 좋은 기운이 있다고 믿었습니다. 그래서 보름달이 뜨는 보름날에는 한 해 농사가 잘되기를 기원하는 풍습이 많았습니다. 대보름날에는 마을 사람들이 모여 줄다리기도 하고, 부럼을 깨물어 일 년 동안 건강하기를 기원했습니다.

　'단오'는 음력 5월 5일로, 일 년 중 가장 태양의 힘이 센 날로 여겼습니다. 무더위가 시작되는 계절이어서 더위와 관련된 풍속이 많았습니다. 그중 창포물에 머리를 감는 풍습이 있습니다. 옛날 사람들은 창포물에 머리를 감으면 나쁜 기운을 물리친다고 믿었습니다. 또한 씨름과 그네 타기를 하며 놀기도 했습니다. 또한 더위를 물리치는 부채(단오선)를 만들어 선물로 주고받았습니다. 모내기를 끝내고 나서 풍년이 되기를 기원하는 제사인 '기풍제'를 올리기도 했습니다.

'추석'은 설날과 함께 우리나라를 대표하는 2대 명절입니다. 음력 8월 15일을 뜻하며, 달이 유난히 크고 밝은 날이라고 보았습니다. 추석은 다른 말로 '한가위'라고도 불립니다. 추석은 봄여름 동안 기른 농작물을 거두고 나서 맞이하는 명절이라 먹을 것이 아주 풍족한 때입니다. 게다가 춥지도 않고, 덥지도 않은 날씨라 '더도 말고 덜도 말고 늘 한가위(가윗날)만 같아라'라는 말이 있을 만큼 옛날 사람들은 추석을 매우 즐거운 날로 여겼습니다. 사람들은 이제 막 거둔 곡물로 밥, 떡, 술을 만들어 조상에게 차례상을 차렸습니다. 달 밝은 밤에 여인들은 너른 들판에서 강강술래를 하며 놀고, 함께 모여 송편을 빚어 먹기도 했습니다.

'동지'는 24절기에서 22번 째 절기이며, 이날은 해가 가장 짧고 밤이 가장 긴 날입니다. 동짓날에는 붉은 팥으로 죽을 쑤어 먹고 집 주변에 팥죽을 뿌리기도 했습니다. 팥의 붉은색이 나쁜 기운과 잡귀를 쫓는다고 믿었기 때문입니다.

두두야. 잘 봐,
이 낱말들을 알면 더 쉽게 이해돼!

낱말 찾기

- ★ **생활 습관** : 생활하면서 자연스럽게 만들어진 습관.
- ★ **일컫다** : 가리켜 말하다.
- ★ **관련되다** : 서로 얽혀 가까운 관계에 있다.
- ★ **보름** : 음력으로 그달의 열다섯째 되는 날.
- ★ **변화** : 상태, 모양, 성질 따위가 바뀌어 달라지다.
- ★ **기념하다** : 뜻깊은 일이나 인물을 잊지 않고 마음에 간직하다.
- ★ **양력** : 지구가 태양 주위를 한 바퀴 도는 시간을 일 년으로 삼아 만든 달력. 우리나라 공식 역법이다.
- ★ **음력** : 달이 지구 주위를 한 바퀴 도는 시간을 한 달로 삼아 만든 달력. 우리나라 전통 역법이다.
- ★ **차례상** : 명절에 차례를 지내기 위해 만든 상차림.
- ★ **조상** : 자기 세대 이전에 모든 앞 세대.
- ★ **의미** : 어떤 행동, 혹은 나타나는 현상이 지닌 뜻.
- ★ **기운** : 만물이 나고 자라는 힘의 근원.
- ★ **풍년** : 곡식이 잘 자라서 평년보다 수확이 많은 해.
- ★ **기원하다** : 바라는 일이 이루어지도록 빌다.
- ★ **제사** : 신이나 죽은 사람의 넋에게 음식을 바쳐 정성을 들임.
- ★ **풍족하다** : 매우 넉넉하다.
- ★ **쑤다** : 곡식의 가루나 알을 물에 끓여 죽이나 메주 따위를 만들다.

오, 근데 잠깐만!
인간, '음력'이라는 말은 무슨 뜻이라고 했지?

 두두에게 이 낱말을 설명해 주세요.

두두야, **음력**이라는 말은

 글을 잘 읽고 이해했는지 확인해 봅시다!
문제를 풀며 글을 한 번 더 찬찬히 읽어 보세요!

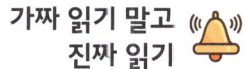 가짜 읽기 말고 진짜 읽기

1. 이 글에서 알 수 있는 내용 중 알맞지 않은 부분은 무엇일까요?
   ① 옛날 사람들은 보름달을 풍요의 상징으로 여겼다.
   ② 설날에는 떡국을 끓여 먹고 웃어른께 세배를 드렸다.
   ③ 단오는 양력 5월 5일로 일 년 중 태양의 힘이 제일 세다고 여겼다.
   ④ 추석에는 송편을 빚고 들판에서 강강술래를 했다.

2. 다음 설명에 맞는 것은 무엇일까요?

   > 옛날 사람들은 이것을 아주 이로운 의미가 있는 것으로 보았습니다. 풍요로움을 뜻하고 좋은 기운이 있다고 믿었습니다. 하여 이것을 보며 농사를 잘되게 해달라고 기원하였습니다.

   ① 창포   ② 보름달
   ③ 부럼   ④ 풍어제

3. 세시풍속에 대해 다음 빈칸을 채워 넣으세요.

   세시 풍속이란 _____ 이라는 시간을 보내며 우리 조상들이 했던 다양한 _____ 를 일컫는 말입니다. 옛날에는 주로 _____ 를 지으며 한 해를 보내서 세시 풍속은 이와 관련된 것이 많았습니다.

 한줄 글쓰기!

세시 풍속 중 해 보고 싶은 것이 있다면 무엇인가요? 그 이유도 함께 소개해 주세요.

24절기는 무엇인가요?

달력을 보면 일 년은 12개월로 나뉘어 있고, 365일로 구분되어 있습니다. 이렇게 한 해를 계산하는 것을 '태양력(그레고리력)'이라고 합니다. 태양력은 전 세계에서 가장 많이 쓰는 시간을 구분 짓는 방법입니다. 우리나라는 1896년부터 태양력을 써왔습니다. 그런데 지금처럼 태양력을 쓰지 않았던 아주 오래전에 옛날 사람들은 일 년이라는 시간을 어떻게 계산했을까요?

옛날 사람들은 달이 차고 기우는 움직임을 보며 시간을 계산했습니다. 달의 모양이 변했다 사라지는 주기를 한 달로 보았습니다. 열두 달이 지나면 일 년이 되었다고 보았지요. 이것을 '태음력', 줄여서 '음력'이라고 합니다.

그런데 음력에는 심각한 문제가 있었는데, 바로 날짜는 알 수 있지만 사계절의 변화와는 맞지 않았다는 것입니다. 사계절의 날씨는 농사를 짓는 일정에도 많은 영향을 주었습니다. 그래서 옛날 사람들은 태양의 움직임을 보고 계절을 구분하는 방법을 만들었습니다. 그것이 바로 절기입니다.

농사일을 하려면 계절의 변화와 태양의 움직임이 중요합니다. 해가 얼마나 긴지 혹은 짧은지에 따라 작물이 자라는 시기가 달라지기 때문입니다. 옛날 사람들은 일 년을 태양의 움직임에 따라 24등분으로 나누었습니다. 이렇게 일 년을 15일씩 나눈 것을 24절기라고 합니다. 24절기는 태양의 움직임을 보고 만든 방법이라서 '태양력'과도 거의 비슷합니다. 매우 과학적으로 시간을 구분한 방법이라, 유네

스코 인류무형문화유산으로도 지정되어 있습니다.

우리 조상들은 절기에 다라 씨를 뿌리고 작물을 키우고 알곡을 거두었습니다. 그래서 24절기에는 계절의 변화와 농사일에 관한 의미를 담은 이름이 있습니다. 봄, 여름, 가을, 겨울을 한자로 '춘하추동(春夏秋冬)'이라고 합니다. 이 사계절이 시작되는 절기를 입춘, 입하, 입추, 입동이라고 불렀습니다.

봄의 절기로는 입춘, 우수, 경칩, 춘분, 청명, 곡우가 있습니다. 입춘은 봄이 시작되는 시기, 우수는 봄비가 내리는 시기로, 봄이 깨어나는 것을 의미합니다. 경칩은 개구리가 겨울잠에서 깨어나는 시기이고, 춘분이 낮이 길어지기 시작하는 때를 말합니다. 청명은 농사일을 준비하는 때이고 곡우는 농사를 위한 비가 내리는 시기입니다.

여름의 절기에는 입하, 소만, 망종, 하지, 소서, 대서가 있습니다. 입하는 여름이 시작되는 시기, 소만은 본격적인 농사를 시작하고 망종은 씨를 뿌리는 때입니다. 하지는 낮이 가장 긴 날입니다. 소서는 더위가 시작되는 때이고 대서는 무더위가 가장 심한 시기입니다.

가을의 절기에는 입추, 처서, 백로, 추분, 한로, 상강이 있습니다. 입추는 가을이 시작되는 시기, 처서는 낮에 덥고 밤이 추워지는 시기입니다. 백로는 이슬이 내리기 시작하는 날이고, 추분부터 밤이 길어지기 시작합니다. 한로는 찬 이슬이 내리기 시작하고 상강은 서리가 내리기 시작합니다.

겨울의 절기에는 입동, 소설, 대설, 동지, 소한, 대한이 있습니다. 입동은 겨울이 시작되는 시기, 소설은 얼음이 얼기 시작하는 때입니다. 대설은 눈이 많이 오는 날을 뜻합니다. 동지는 일 년 중 밤이 가장 긴 시기입니다. 소한은 추위가 시작되는 때이며, 대한은 일 년 중 가장 추운 시기를 뜻합니다.

 두두야. 잘 봐,
이 낱말들을 알면 더 쉽게 이해돼!

낱말 찾기

- ★ **달이 차고 기울다** : 달이 온전한 모양이 되다가 점점 지다.
- ★ **변화** : 상태, 모양, 성질 따위가 바뀌어 달라지다.
- ★ **일정** : 날짜별로 해야 할 일의 계획을 짜서 놓은 것.
- ★ **등분** : 분량을 똑같이 나눔. 혹은 똑같이 나눈 분량. 예 24등분 : 똑같이 24개로 나눔.
- ★ **본격적이다** : 자신이 가진 정도에 맞게 적극적이다.
- ★ **이슬** : 공기 중에 있는 수증기가 기온이 내려가거나 찬 물체에 부딪힐 때 엉겨서 생기는 물방울.
- ★ **서리** : 공기 중에 있는 수증기가 땅 위 물체의 표면에 얼어붙은 것.
- ★ **돋보이다** : 무리 중에서 뛰어나 도드라져 보이다.
- ★ **지정하다** : 특정한 자격을 주다.
- ★ **쑤다** : 곡식의 가루나 알을 물어 끓여 죽이나 메주 따위를 만들다.

 두두에게 이 낱말을 설명해 주세요.

두두야, **24절기**라는 달은

오, 근데 잠깐만!
인간, '24절기'라는 말은 무슨 뜻이라고 했지?

 글을 잘 읽고 이해했는지 확인해 봅시다!
문제를 풀며 글을 한 번 더 찬찬히 읽어 보세요!

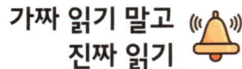 가짜 읽기 말고 진짜 읽기

1. 이 글에서 알 수 있는 내용 중 알맞지 않은 부분은 무엇일까요?
   ① 1796년에는 태음력을 썼다.
   ② 절기는 태양의 움직임을 보고 시간을 구분한 방법이다.
   ③ '춘하추동'의 '하'는 여름을 뜻한다.
   ④ 입춘, 춘분, 곡우, 동지는 봄의 절기이다.

2. 다음 문장을 읽고 (괄호) 안에서 알맞은 쪽을 선택해 주세요.
   가. 봄비가 내리는 시기인 (곡우 / 우수)는 봄이 깨어나는 것을 의미한다.
   나. 본격적인 농사를 시작하고서 (소만 / 망종)이 되면 씨를 뿌렸다.
   다. 밤이 추워지고 이슬이 내리기 시작하면 "이제 (백로 / 한로)가 되었구나"라고 했다.
   라. "눈이 엄청나게 오는 걸 보니 (대한 / 대설)인가 보다."

3. 24절기에 대해 다음 빈칸을 채워 넣으세요.
   절기는 　　　의 움직임을 24등분으로 나눈 것으로 일 년을 　　　씩 나눈 것을 말합니다. 24절기는 매우 과학적인 방법으로 시간을 구분해 내어 조상들의 지혜가 돋보이기 때문에, 유네스코 　　　　　으로 지정되어 있습니다.

 한줄 글쓰기!

24절기의 의미 중 가장 기억에 남는 절기는 무엇인가요?
그 이유도 함께 소개해 주세요.

옛날 사람들은 사계절을 어떻게 보냈을까요?

옛날 사람들은 변화무쌍한 사계절에 맞게 생활해야 했습니다. 봄에는 따뜻한 바람이 불며 겨우내 차가웠던 기온이 올라갑니다. 새싹이 트고 꽃이 피어나며 아름다운 산과 들이 많은 우리나라는 봄꽃들로 알록달록하게 물듭니다. 봄에 피는 대표적인 꽃은 개나리, 진달래가 있는데, 진달래 꽃잎을 따다가 화전을 부쳐 먹기도 했습니다. 하지만 이따금 겨울에 우리나라에 있다 북쪽으로 올라간 시베리아 기단에서 추운 바람이 몰려올 때도 있었어요. 마치 꽃이 피는 걸 시샘하는 것처럼요. 그래서 이렇게 봄에 갑작스럽게 찾아오는 추위를 '꽃샘추위'라고 불렀습니다.

여름에는 무더워지고 습기가 많아졌습니다. 비도 자주 내렸지요. 특히 비가 자주 오래 내리는 기간을 '장마'라고 불렀습니다. 단옷날에는 더위를 달랠 부채를 선물로 주고받았습니다. 대나무로 침구를 만들어 썼는데, 이것을 '죽부인'이라고 합니다. 죽부인은 통풍이 잘되어 잠을 잘 때 시원한 바람을 맞을 수 있게 해 주는 도구입니다. 집에는 땅에서 올라오는 열을 막아 주는 대청마루를 지어 시원한 마루에서 죽부인을 끌어안고 낮잠을 즐겼습니다. 몹시 더울 때는 개울가에서 등목을 하면서 더위를 식히기도 했습니다.

가을이 되면 바람이 선선해지고 논에는 벼가 익어 고개를 숙입니다. 논에서는 추수를 하고, 과일나무에서는 알맞게 익은 열매를 땁니다. 이렇게 마련한 햇과일, 햇곡식으로 추석에 맛있는 음식을 만들고 차례상을 지냅니다. 넉넉히 수확한 식량은 겨울 동안 먹기 위해 곳간에 잘 저장해 둡니다.

산이 많은 우리나라는 온 세상이 알록달록한 단풍으로 물듭니다. 색색이 곱게 물든 단풍이 마치 비단에 수를 놓은 것처럼 아름답다고 하여 우리나라를 '금수강산(錦繡江山)'이라고 불렀습니다. 사람들은 국화로 화전을 부치며 술을 담가 먹고, 단풍이 아름다운 명승지를 찾아가 단풍을 구경했습니다. 이것을 '단풍놀이'라고 합니다.

겨울이 되면 사람들이 모여 겨우내 먹을 김치를 담그는 김장을 했습니다. 겨울에는 바깥에서 신선한 채소를 구할 수 없기 때문에 겨울동안 먹을 김치를 한꺼번에 담가 김칫독에 저장했던 것입니다.

겨울에는 추운 날씨 때문에 농사일을 할 수가 없습니다. 그 대신 겨울 내내 찾아올 추위에 단단히 대비합니다. 춥고 긴 겨울을 잘 넘기기 위한 준비를 '월동(越冬)'이라고 합니다. 월동 준비로는 초가지붕을 새 짚으로 교체하는 '이엉 잇기'가 있습니다. 또 문틈에 창호지를 여러 겹 덧붙여 바람이 들지 않게 했고, 땔감을 넉넉하게 준비해 두었습니다. 또한 온돌을 이용해 집안을 따뜻하게 유지했습니다. 추위를 막기 위해 헌옷을 누벼 입고, 두툼한 솜옷과 두루마기를 걸쳤습니다. 눈이 많이 오는 지역에서는 설피를 신기도 했습니다.

정월 대보름날에는 여름날에 다가올 더위를 파는 '매서' 풍습이 있었습니다. 대보름날 친구에게 "내 더위를 사가라"고 외치면서 앞으로 자신에게 올 더위를 파는 것이지요.

 두두야. 잘 봐,
이 낱말들을 알면 더 쉽게 이해돼!

낱말 찾기

- ★ **기온** : 공기의 온도.
- ★ **적당하다** : 정도에 알맞다.
- ★ **변화무쌍하다** : 변하는 정도가 몹시 심하다.
- ★ **시샘하다** : 자기보다 잘되고 나은 사람을 아무 이유 없이 미워하다. '시새움하다'의 줄임말.
- ★ **정월** : 음력에서 1월. 한 해를 시작하는 달.
- ★ **침구** : 잠을 자는 데 쓰는 이불, 베개 같은 도구.
- ★ **통풍** : 바람이 통하게 함.
- ★ **대청마루** : 한옥에서 방과 방 사이에 있는 큰 마루.
- ★ **등목** : 상체를 굽힌 채로 다른 사람이 물을 부어 주어 허리에서 목까지 물로 씻는 일.
- ★ **수확하다** : 다 자란 생산물을 거두어들이다.
- ★ **대비하다** : 앞으로 일어날 일에 대해 미리 준비하다.
- ★ **교체하다** : 다른 것으로 대신하다.
- ★ **설피** : 눈에 발이 빠지지 않도록 신발 바닥에 대는 넓적한 덧신.

 두두에게 이 낱말을 설명해 주세요.

두두야, **시샘하다**라는 말은

오, 근데 잠깐만!
인간, '시샘하다'라는 말은 무슨 뜻이라고 했지?

 글을 잘 읽고 이해했는지 확인해 봅시다!
문제를 풀며 글을 한 번 더 찬찬히 읽어 보세요!

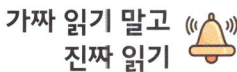 가짜 읽기 말고 진짜 읽기

1. 이 글에서 알 수 있는 내용 중 알맞지 않은 부분은 무엇일까요?

    ① 꽃샘추위는 갑작스럽게 나타나는 겨울 추위다.
    ② 정월 대보름에는 매서 풍습이 있다.
    ③ 가을에는 국화로 화전을 부치고 명승지를 찾았다.
    ④ 춥고 긴 겨울을 잘 넘기기 위해 월동 준비를 했다.

2. 이 글에서 옛날 사람들이 다음 계절을 보내는 모습으로 알맞은 것은 무엇일까요?

    > 산이 많은 우리나라는 이 계절에 온통 알록달록하게 물듭니다. 마치 비단에 수를 놓은 것처럼 아름답다고 하여 금수강산이라고 불렀습니다.

    ① 대청마루에서 낮잠을 즐기다.
    ② 꽃구경을 가고 진달래로 화전을 부쳐 먹는다.
    ③ 단풍놀이를 가고 국화주를 담근다.
    ④ 설피를 신고 이엉을 잇는다.

3. 사계절에 대해 다음 빈칸을 채워 넣으세요.

    우리나라는 변화무쌍한 _____이 나타나 옛날 사람들도 그에 맞게 생활해야 했습니다. 봄에는 기온이 올라 꽃이 피는데 이따금 _____가 몰려와 추울 때도 있습니다. 여름에는 시원한 _____에서 낮잠을 즐겼습니다.

 한줄 글쓰기!

여러분이 가장 좋아하는 계절은 무엇인가요? 그 이유도 함께 소개해 주세요.

> 사회 배경
> 지식을 쌓는
> 이야기
> 24

놀이는 사회의 중요한 요소입니다

　옛날에는 농사를 짓는 봄, 여름, 가을 내내 매우 일을 많이 해야 했습니다. 지금처럼 전기도 없고, 기계가 없었기 때문에 일일이 모든 것을 직접 해야 했습니다. 혼자서는 그 많은 일을 다 할 수 없었기 때문에 다른 사람들과 도우며 농사일을 함께 했습니다. 그래서 옛날 사람들은 이웃과 잘 지내고 고된 농사일을 즐겁게 하기 위해 다양한 놀이를 만들어 함께 놀았습니다.

　또 옛날에는 농사를 지은 작물로 음식을 해 먹고 물건을 만들어 생활했기 때문에 사람들에게 가장 큰 바람은 한 해 농사가 잘되는 것이었습니다. 그래서 액운을 쫓고, 농사가 잘되기를 기원하는 마음을 담은 전통 놀이들이 많았습니다.

　연날리기는 대표적인 전통 놀이 중 하나입니다. 음력 정월 초하루부터 대보름 사이에 사람들은 연을 만들어 하늘에 높이 날렸습니다. 대표적인 연으로는 방패연이 있습니다. 가느다란 대나무 가지에 종이를 붙여서 만든 연을 실에 매달아 바람에 띄웁니다. 사람들은 연을 하늘 높이 띄워서 마치 연이 춤을 추는 것처럼 재주를 부리기도 하고, 다른 사람의 연줄을 끊는 경쟁을 벌이기도 합니다. 연에는 사람을 해치고 나쁜 기운을 뜻하는 '액(厄)' 혹은 액을 보낸다는 뜻의 '송액(送厄)'이라는 글자를 적어 멀리멀리 날렸습니다. 이 글자가 적혀 있는 연이 떨어져 있으면 나쁜 기운이 들까 봐 아무도 줍지 않았다고 합니다.

　어린아이들은 작은 돌 다섯 개를 주워 공기놀이를 하고 놀았습니다. 공기놀이는 공깃돌 다섯 개를 가지고 규칙에 맞게 집고 받는 놀이입니다. 주로 여자아이들이 많이 하였는데, 소근육을 발달시키고 셈을 하는 능력을 키워 주는 효과가 있습니다.

설날, 단오, 추석과 같은 명절에 여자들은 널뛰기를 하며 놀았습니다. 가마니나 짚단처럼 무거운 물건 위에 긴 널빤지를 올려 두고 두 사람이 양 끝에 마주 보고 서서 박자에 맞춰 뛰는 놀이입니다. 이때 쓰는 긴 널빤지를 '널'이라고 합니다. 먼저 널에서 떨어지는 사람이 지는 것으로 승부를 내기도 했습니다.

윷놀이는 남녀노소를 가리지 않고 어디서나 놀 수 있는 대중적인 놀이입니다. 나무 막대기 4개를 던져 나오는 결과에 따라 윷판에 말을 움직이며 노는 놀이입니다. 이때 던지는 나무 막대기를 '윷가락'이라고 하며 윷가락이 엎어진 상태에 따라 각각 도, 개, 걸, 윷, 모라고 부릅니다. 옛날 사람들은 윷판을 논밭이라고 생각하며 정초에 윷놀이를 하면서 한 해의 농사가 풍년이 되기를 기원했습니다.

씨름은 삼국 시대 때도 아주 인기가 많았던 우리나라의 전통 놀이입니다. 두 사람이 샅바를 잡고 서로 힘겨루기를 해서 넘어뜨리는 운동 경기입니다. 경사스러운 일이 있거나 기쁠 때 사람들은 널찍한 광장에 모여서 씨름을 하며 놀았습니다. 특히 단오에 씨름을 긁이 했습니다. 농사일로 바쁘다 겨울철 농한기가 되면 그간 긴장했던 몸을 풀고자 씨름을 하기도 했습니다.

이처럼 옛날 사람들이 재미있게 생활하고, 농사일의 수고로움을 잊고 즐겁게 살아가는 데 전통 놀이는 매우 중요한 역할을 했습니다.

 두두야. 잘 봐,
이 낱말들을 알면 더 쉽게 이해돼!

낱말 찾기

- ★ **일일이** : 하나씩 하나씩.
- ★ **고되다** : 일에 힘겨워하다.
- ★ **액운** : 모질고 사나운 일을 당할 운수.
- ★ **쫓다** : 어떤 대상을 잡기 위하여 뒤를 급히 따르다.
- ★ **초하루** : 매달 첫째 날.
- ★ **재주** : 무엇을 잘할 수 있는 능력.
- ★ **해치다** : 손상을 입혀 망가지게 하다.
- ★ **규칙** : 여러 사람들이 다 같이 지키기로 한 질서, 법칙.
- ★ **능력** : 일을 감당할 수 있는 힘.
- ★ **효과** : 어떤 일을 해서 나타나는 좋은 결과.
- ★ **승부** : 이기고 지는 것.
- ★ **남녀노소** : 男女老少(사내 남, 여자 여, 늙을 로(노), 젊을 소), 남자와 여자, 늙은이와 젊은이를 뜻하며, 모든 사람을 이르는 말.
- ★ **경사스럽다** : 축하할 만한 일로 여겨 기뻐하다.
- ★ **긴장하다** : 정신을 바짝 차리다.
- ★ **수고로움** : 일을 처리하기가 괴롭다.

 두두에게 이 낱말을 설명해 주세요.

두두야, **액운**이라는 말은

오, 근데 잠깐만-!
인간, '액운'이라는 말은 무슨 뜻이라고 했지?

 글을 잘 읽고 이해했는지 확인해 봅시다!
문제를 풀며 글을 한 번 더 찬찬히 읽어 보세요!

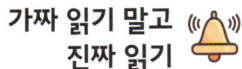 가짜 읽기 말고 진짜 읽기

1. 이 글에서 알 수 있는 내용 중 알맞지 않은 부분은 무엇일까요?

   ① 전통 놀이는 액운을 쫓고 풍년을 기원하는 놀이가 많다.

   ② 널뛰기는 주로 여자들이 명절에 하는 놀이다.

   ③ 윷가락의 기울기에 따라 도, 개, 걸, 윷, 모라고 불렀다.

   ④ 연에 '송액'을 적어 나쁜 기운을 멀리 보냈다.

2. 다음 설명에 맞는 것은 무엇일까요?

   > 작은 돌 다섯 개를 가지고 규칙에 따라 집고 받는 놀이로, 소근육을 발달시키고 셈을 하는 능력을 키워 줍니다.

   ① 윷놀이   ② 널뛰기
   ③ 방패연   ④ 공기놀이

3. 우리나라 전통 놀이에 대해 다음 빈칸을 채워 넣으세요.

   _____은 종이에 가는 대나무 가지를 붙여 하늘에 높이 날리는 전통 놀이입니다. 단오에는 _____를 하며 놀았습니다. _____는 남녀노소를 가리지 않고 어디서나 노는 대중적인 놀이로, 한 해의 농사가 풍년이 되기를 기원했습니다.

✏️ 한줄 글쓰기!

여러분이 가장 좋아하는 전통 놀이는 무엇인가요? 그 이유도 함께 소개해 주세요.

옛날에는 어떤 기념일이 있었을까요?

예로부터 우리는 살아가면서 치르는 큰 행사로 네 가지를 꼽았습니다. 이것은 관례, 혼례, 상례, 제례라고 합니다. 줄여서 '관혼상제(冠婚喪祭)'라고도 합니다. 인생에서 중대하게 치르는 네 가지 예식이라고 여겨 이것을 '사례(四禮)' 혹은 '가례(家禮)'라고도 말합니다. 우리나라는 삼국 시대에도 이미 혼례와 상례를 치르는 예식이 있었습니다. 그러나 오늘날에는 조선 시대에 유교를 바탕으로 한 관혼상제 예법이 잘 알려져 있습니다.

관혼상제의 첫 번째 예식은 '관례'입니다. 여기서 '관'은 '갓'을 뜻하는 말로, 오늘날 '성인식'을 뜻하는 말입니다. 여자들의 경우 '계례(筓禮)'라고도 불렀습니다. 옛날 아이들은 머리를 땋아 댕기 머리를 하고 다녔습니다. 그러다 열다섯부터 스무 살 사이에 관례를 치렀는데, 관례를 치르면 어른이 되었다고 여겼습니다. 남자는 댕기 머리를 하지 않고 상투를 틀고 갓을 썼습니다. 여자는 댕기 머리 대신 쪽을 찌고 비녀를 꽂았습니다. 보통 관례는 혼례를 치르기 전에 했습니다.

두 번째로 '혼례'는 오늘날 '결혼식'을 뜻하는 말입니다. 남녀가 만나 부부가 되는 의식을 치르는 것이지요. 혼인을 하기 위해서는 먼저 양쪽 집안이 혼사를 의논합니다. 혼담이 마무리되면 신랑이 신부의 집으로 가서 결혼 예식인 '대례(大禮)'를 치릅니다. 혼례복으로 신랑은 관복을 입고, 신부는 활옷을 입습니다. 신랑과 신부가 서로 마주 보고 절을 올립니다. 그리고 술을 나누어 마시며 부부가 되는 의식을 치

문단 ❸ 릅니다. 대례가 끝나면 신부가 신랑의 집으로 와서 하는 의례를 '후례(後禮)'라고 합니다.

문단 ❹ 세 번째 예식은 '상례'입니다. 오늘날의 '장례식'을 뜻합니다. 선사 시대부터 인간은 죽은 사람을 묻거나 화장하는 의식을 치렀습니다. 옛날 사람들은 사람이 이 세상에 태어나서 마지막으로 통과하는 관문을 죽음이라고 여겼습니다. 그래서 사람이 죽으면 엄숙한 마음으로 장사를 지내는 예법을 따랐습니다. 장례 기간은 5일이나 7일 정도였으며, 가족들은 삼베옷으로 갈아입고 문상을 온 손님들을 맞이했습니다. 효심이 깊은 자식은 돌아가신 부모의 무덤 옆에 움집을 짓고 무덤을 돌보며 3년 동안 지냈습니다. 이것을 '시묘살이' 혹은 '삼년상'이라고 합니다.

문단 ❺ 마지막으로 '제례'가 있습니다. 조상에게 제사를 올리는 예법을 말합니다. 옛날 사람들은 자신들의 삶을 조상들이 돌보아 준다고 믿었습니다. 그래서 조상의 신주를 사당에 두고 아침저녁으로 인사를 드리기도 했습니다. 또한 조상들을 숭배하고, 조상의 감사에 보답하는 마음으로 예식을 치렀습니다. 조상이 돌아가신 기일에 제사상을 차려 조상을 추모했습니다. 또한 명절과 같은 큰 축제일에 차례상을 차려서 조상에게 공을 돌렸습니다.

문단 ❻ 관혼상제는 지역마다 풍습이 다르고, 시대마다 예식 절차가 달라집니다. 사람의 삶에서 중요하다고 생각하는 예식을 따르면서 규범과 예절을 중요하게 여겼다는 것을 알 수 있습니다.

두두야. 잘 봐,
이 낱말들을 알면 더 쉽게 이해돼!

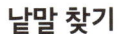

낱말 찾기

- ★ **행사** : 어떤 일을 함.
- ★ **인생** : 사람이 살아가는 일.
- ★ **중대하다** : 매우 중요하고 크다.
- ★ **삼국 시대** : 4세기 초에서 7세기 중반까지 고구려, 백제, 신라 세 나라가 맞서던 시대.
- ★ **예법** : 예의에 관한 절차와 질서.
- ★ **댕기 머리** : 길게 땋아 뒤에 댕기를 드린 머리.
- ★ **쪽을 찌다** : 시집을 간 여자가 머리를 땋아서 틀어 올려 비녀를 꽂다.
- ★ **의식** : 정해진 방식에 따라 치르는 행사.
- ★ **혼사** : 혼인에 관한 일.
- ★ **마무리되다** : 일이 끝맺어지다.
- ★ **화장하다** : 시체를 불살라 장사 치르다.
- ★ **관문** : 반드시 거쳐야 하는 길목.
- ★ **문상** : 다른 사람의 죽음을 슬퍼하며 죽은 이의 가족을 위로하기 위해 방문함.
- ★ **무덤** : 시신이나 유골을 땅에 묻어 놓은 곳.
- ★ **신주** : 죽은 사람의 위패.
- ★ **사당** : 조상의 신주를 모셔 놓은 집.
- ★ **숭배하다** : 우러러 공경하다.
- ★ **보답하다** : 남의 호의, 은혜를 갚다.
- ★ **추모하다** : 죽은 사람을 그리며 생각하다.
- ★ **절차** : 일을 하는데 거쳐야 하는 순서.
- ★ **규범** : 인간이 마땅히 따르고 지켜야 할 가치의 기준.

오, 근데 잠깐만!
인간, '예법'이라는 말은 무슨 뜻이라고 했지?

 두두에게 이 낱말을 설명해 주세요.

두두야, **예법**이라는 말은

 글을 잘 읽고 이해했는지 확인해 봅시다!
문제를 풀며 글을 한 번 더 찬찬히 읽어 보세요!

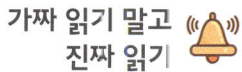 가짜 읽기 말고 진짜 읽기

1. 이 글에서 알 수 있는 내용 중 알맞지 않은 부분은 무엇일까요?
   ① 관혼상제는 다른 말로 '사례'라고 한다.
   ② 상례는 오늘날 장례식을 뜻하며 장사를 지내는 예법이다.
   ③ 조상에게 제사를 지내는 예법을 제례라고 한다.
   ④ 우리나라는 조선 시대부터 혼례, 상례 예식이 생겼다.

2. 문단은 긴 글을 내용에 따라 나눈 이야기 토막을 말합니다. 이 글에서 4번째 문단의 제목을 붙인다면 알맞은 것은 무엇일까요?
   ① 관혼상제의 역사
   ② 상례의 의미와 예법
   ③ 제례의 의미와 예법
   ④ 예법의 필요성

3. 우리나라 전통 기념일에 대해 다음 빈칸을 채워 넣으세요.
   예로부터 살아가며 치르는 네 가지 큰 행사를 　　　　라고 합니다. 첫 번째 예식인 '관례'는 오늘날 성인식을 뜻하며 관례를 치르면 머리카락을 땋은 　　　　대신에 남자는 　　　　를 틀고 여자는 쪽을 찌었습니다.

 한줄 글쓰기!

여러분이 가장 소중하게 여기는 기념일은 언제인가요?
그 이유도 함께 소개해 주세요.

사회 배경 지식을 쌓는 이야기 01

사회는 어떻게 만들어졌을까요?

1. ② 이 글은 맨 처음 사회가 만들어지는 계기와 과정을 살펴보며 사람들이 사회를 어떻게 만들었는지를 알려줍니다.
2. ③ 인간은 동물과 달리 자연 상태에 머물지 않고 사회라는 공동체를 이루어 살았습니다.
3. 무리 혹은 공동체, 살아남기 혹은 생존하기
4. 아래 글에 밑줄을 치세요 → 사회는 '인간이 모여서 공동생활을 하는 집단'을 뜻합니다.

사회 배경 지식을 쌓는 이야기 02

우리는 다양한 사회에 속해 있습니다

1. ② 이 글은 우리가 속해 있는 사회의 작고 큰 집단들을 살펴보고 알려줍니다.
2. ① 사회는 여러 사람들이 모여 집단을 이루고 살아가는 것이므로, 개인은 한 사람이기 때문에 해당되지 않습니다.
3. 생각, 행동, 사회

사회 배경 지식을 쌓는 이야기 03

전통 사회에서 가장 기본이 되는 사회는 마을입니다

1. ④ 옛날에는 지금처럼 편리한 이동 수단이 없고, 길이 잘 갖추어지지 않아 마을을 벗어나기 어려워 주로 마을에서 한 평생을 보냈습니다.
2. ③
3. 마을, 생활양식, 문화 혹은 특징

사회 배경 지식을 쌓는 이야기 04

자연환경은 우리가 사는 모습을 결정지어요

1. ① 들이 많은 지역은 너르고 고른 땅이 많아 주로 농사를 짓고 살았습니다.
2. 산 혹은 산간, 들이 많은 지역 혹은 평야, 물고기 혹은 해조류
3. 아래 글에 밑줄을 치세요 → 어떤 자연환경인지에 따라 마을의 모습과 문화, 사람들의 먹을거리, 입을거리가 달라집니다.

사회 배경 지식을 쌓는 이야기 05

도시는 어떻게 만들어졌을까요?

1. ③ 사람들이 많아지자 서로 협력해서 농사를 지어 식량을 더 생산해 냈습니다.
2. ④
3. 질서, 규칙, 시설들, 거절

사회 배경 지식을 쌓는 이야기 06

우리나라의 산지촌, 어촌, 농촌은 어디에 있을까요?

1. ① 이 글은 우리나라의 지리를 소개하고 농어촌, 산지촌이 어디에 있는지를 살펴보고 알려줍니다.
2. ② 여수는 어촌 지역이라 평야 지대가 아닙니다.
3. 삼면, 동해, 남해, 서해

사회 배경 지식을 쌓는 이야기 07

들로 간 사람들은 어떻게 살았을까요?

1. ① 문단은 긴 글을 내용에 따라 나눌 때 하나의 이야기 토막을 말합니다.

이에 따라 '우리나라는 언제부터~'로 시작하는 문단이 4번째 문단입니다.

4번째 문단은 우리나라에서 농경이 언제 시작되었고 농촌이 어떻게 생겨났는지를 살펴보고 알려줍니다.

2. ③ 농사를 짓기 사작하면서 작물을 길러 얻을 수 있어 먹을 것을 주기적으로 구할 수 있게 되었습니다.
3. 하천 혹은 물, 농사, 농경

사회 배경 지식을 쌓는 이야기 08

농촌의 일 년은 어떻게 흘러갈까요?

1. ④ 봄에는 모판에서 모를 키워 모심기를 하고 육묘한 모를 논에 옮겨 심는 모내기를 합니다.
2. ② 농번기는 모내기, 물대기, 김매기, 벼베기처럼 농사일이 많은 때를 말하며, 봄부터 가을까지 해당합니다.
3. 모내기 혹은 물대기, 김매기, 추수

사회 배경 지식을 쌓는 이야기 09

바다로 간 사람들은 어떻게 살았을까요?

1. ① 남해와 서해에 있는 어촌은 농사를 지으며 물고기를 잡는 반농 반어촌의 모습을 띱니다.
2. ②
3. 해안선, 갯벌, 반농 반어촌

사회 배경 지식을 쌓는 이야기 10

어촌에만 볼 수 있는 것은 무엇이 있을까요?

1. ④ 버섯밭은 주로 산지촌에서 볼 수 있습니다.
2. ②
3. 항구, 방파제, 염전

사회 배경 지식을 쌓는 이야기 11

산으로 간 사람들은 어떻게 살았을까요?

1. ④ 다랑어는 바다에 사는 물고기이므로 어촌에서 볼 수 있습니다.
2. ② 문단은 긴 글을 내용에 따라 나눌 때 하나의 이야기 토막을 말합니다.

이에 따라 '산촌 사람들은 산에서 구할 수 있는~'로 시작하는 문단이 5번째 문단입니다.

5번째 문단은 산촌에서 어떤 집을 짓고 사는지를 살펴보고 알려 줍니다.

3. 화전, 다랑 논 혹은 계단식 논, 귀틀집

사회 배경 지식을 쌓는 이야기 12

사람들의 손으로 만든 환경들이 생겨났어요

1. ① 사람들은 주어진 자연 환경에 맞춰 살면서도, 자연에는 없지만 생활에는 필요한 시설들을 직접 만들어 내기도 했습니다.
2. ④ 인간이 만든 수리 시설은 우물, 저수지, 댐 순으로 규모가 커집니다. 강은 인간이 만든 수리 시설이 아니라 자연환경입니다.
3. 지하수, 우물, 벽골제, 인문환경

사회 배경 지식을 쌓는 이야기 13

잉여 식량이 생겨나면서
장인, 지배 계급이 나타났습니다

1. 가. 잉여 식량 나. 계급
   다. 전문적으로 라. 물물교환
2. ③
3. 지배층 혹은 지배 계급, 장인, 물물교환

사회 배경 지식을 쌓는 이야기 14

화폐가 필요해졌어요

1. ④ 화폐는 물물교환을 더 잘하기 위한 수단으로 등장했습니다.
2. ②
3. 조개 껍질 혹은 쌀, 해동통보, 상평통보

사회 배경 지식을 쌓는 이야기 15

시장이 번성하고, 상인들이 늘어났습니다

1. ③ 시장에서는 경제 활동은 물론이고 새로운 소식을 듣고 사람들끼리 교류하는 역할을 했습니다.
2. 가. 장인 나. 흥정 다. 포목점 라. 싸전
3. 수공업, 거래, 본거지

사회 배경 지식을 쌓는 이야기 16

교통과 통신 수단이 발달하며 더 넓은 세계로 나아갑니다

1. ② 역참에는 '역마'라는 말이 항상 준비되어 있었습니다. 역마의 '마'는 한자로 '말'을 뜻합니다.
2. ④
3. 도로, 수레, 역참

사회 배경 지식을 쌓는 이야기 17

지도를 보며 세상을 헤아립니다

1. ② 옛날에는 사람이 직접 돌아다니며 지리 정보를 모아 지도를 만들어서 지금처럼 과학 기술을 이용해 만든 지도처럼 정확한 지도를 만들기 어려웠습니다.
2. ④ 문단은 긴 글을 내용에 따라 나눌 때 하나의 이야기 토막을 말합니다. 이에 따라 '삼국 시대, 고려 시대어도 지도를~'로 시작하는 문단이 4번째 문단입니다. 4번째 문단은 옛날에 만든 대표적인 우리나라의 지도를 살펴보고 알려 줍니다.
3. 비율, 정보 혹은 위치 혹은 지식, 대동여지도

사회 배경 지식을 쌓는 이야기 18

옛날 사람들은 무엇을 입고 살았을까요?

1. ③ 비단옷은 옷감이 부드럽지만 만드는 방법이 까다로워 매우 귀한 옷감이었기 때문에 주로 양반들이 입었습니다.
2. ④ 옷감을 만드는 식물성 재료 중 하나인 모시는 모시풀의 줄기껍질로 만든 실을 짜서 만든 옷감입니다.
3. 길쌈, 한복, 백의민족

사회 배경 지식을 쌓는 이야기 19

옛날 사람들은 어떤 집에서 살았을까요?

1. 가. 땅을 파고 나. 지붕 다. 독특한 라. 양반
2. ① 구석기 시대에 인간은 이동을 하며 동굴에서 살다 신석기 시대에 움집을 지어 살았습니다. 이후 공동체의 규모가 커지며 나라를 만들어지고 초가집, 기와집도 볼 수 있었습니다.
3. 한옥, 초가집, 기와집, 온돌

사회 배경 지식을 쌓는 이야기 20

우리나라의 전통 음식은 무엇이 있을까요?

1. ② 인간은 약 1만 년 전에 농사를 지으며 식량을 많이 만들어 냈습니다.
2. ③
3. 밥, 김장, 김치 혹은 비빔밥 혹은 잡차 혹은 떡 혹은 한과

사회 배경 지식을 쌓는 이야기 21

우리나라의 세시 풍속은 어떤 것이 있을까요?

1. ③ 옛날 사람들은 음력을 썼습니다. 단오는 음력 5월 5일입니다.
2. ②
3. 일 년, 생활 습관과 놀이, 농사

사회 배경 지식을 쌓는 이야기 22

24절기는 무엇인가요?

1. ④ 동지는 일 년 중 밤이 가장 긴 시기로 겨울의 절기입니다.
2. 가. 우수 나. 망종 다. 백로 라. 대설
3. 태양, 15일, 인류무형문화유산

사회 배경 지식을 쌓는 이야기 23

옛날 사람들은 사계절을 어떻게 보냈을까요?

1. ① 꽃샘추위는 봄에 갑작스럽게 나타나는 추위입니다.
2. ③ 가을날이 되면 단풍으로 산들이 곱게 물들어 아름다운 풍경이 됩니다. 마치 비단에 수를 놓은 것 같이 아름다운 강과 산들을 금수강산이라고 불렀습니다.
3. 사계절, 꽃샘추위, 대청마루

사회 배경 지식을 쌓는 이야기 24

놀이는 사회의 중요한 요소입니다

1. ③ 기울기는 '경사지고 기울어진 정도'를 뜻하는 말입니다. 윷놀이에서는 윷가락의 엎어진 상태에 따라 도, 개, 걸, 윷, 모라고 불렀습니다.
2. ④
3. 연날리기, 씨름, 윷놀이

사회 배경 지식을 쌓는 이야기 25

옛날에는 어떤 기념일이 있었을까요?

1. ④ 우리나라는 삼국 시대에도 이미 혼례와 상례 예식이 있었습니다.
2. ② 문단은 긴 글을 내용에 따라 나눌 때 하나의 이야기 토막을 말합니다. 이에 따라 '세 번째 예식은 '상례'입니다.'로 시작하는 문단이 4번째 문단입니다. 4번째 문단은 상례의 의미와 예법을 소개했습니다.
3. 관혼상제, 댕기 머리, 상투